dtv

Dessous haben einen großen Nachteil. Sie eignen sich nicht als Statussymbole. Denn wer sein Geld nicht als Model oder Nachtclubtänzerin verdient, kann sie nicht öffentlich herzeigen, seien sie noch so schön und teuer. Wer sich für Dessous begeistert, dem geht es nicht um Repräsentation, sondern um Suggestion und Autosuggestion: Wer Wühltisch-Wäsche trägt, ist auch in Wühltisch-Stimmung. Wer aufregende Dessous trägt, erregt vor allem anderen sich selbst. Eva Gesine Baur verrät, warum Dessous stimulieren, das erotische Selbstbewußtsein stärken, verführerisch machen und schön und was sie an tiefgehenden Einsichten bescheren. Sie hält es mit Karl Kraus: »Es kommt gewiß nicht bloß auf das Äußere einer Frau an. Auch die Dessous sind wichtig.«

Eva Gesine Baur lebt als Journalistin und Buchautorin in München. Die Kulturhistorikerin und Psychologin hält Dessous für eine Wunderdroge und bekennt sich zu ihrer Sucht. Bei <u>dtv</u> sind von ihr bisher folgende Titel erschienen: ›Der Luxus des einfachen Lebens‹ (36155); ›Feste der Phantasie – Phantastische Feste‹ (36101); außerdem ist sie Herausgeberin der Reihe ›Der Reichtum der einfachen Küche‹ (36040-36045).

Eva Gesine Baur

Dessous

Kleine Philosophie der Passionen

Deutscher Taschenbuch Verlag

Für Ferri

Originalausgabe
Mai 1999
© Deutscher Taschenbuch Verlag GmbH & Co. KG, München
Umschlagkonzept: Balk & Brumshagen
Umschlagbild: Alfons Holtgreve
Satz: Design-Typo-Print GmbH, Ismaning
Gesetzt aus der Bodoni Book 12/14 Punkt (QuarkXPress 3.32 Mac)
Druck und Bindung: C. H. Beck'sche Buchdruckerei, Nördlingen
Gedruckt auf säurefreiem, chlorfrei gebleichtem Papier
Printed in Germany · ISBN 3-423-20265-3

Inhalt

Was alles in der Unterwäsche steckt   7

Wie wollene Unterhosen eine
Passion auslösen   13

Warum Lektüre auf dem Speicher
zu schwarzen BHs führen kann   17

Was eine Strickmaschine zur
Selbsterkundung beiträgt   24

Warum es lebensgefährlich sein kann,
keine Unterwäsche zu tragen   33

Was kluge Frauen von einem
Pfläumchen lernen   41

Warum Strumpfbänder wichtiger sein
können als die Augenfarbe   46

Warum den Männern endlich in die
Unterhosen geholfen werden sollte   54

Was der Umgang mit Geschenkpapier
übers Ausziehen verrät   60

Warum es eine Frage der Technik ist,
wieviel eine Frau ablegt   67

Wieso mein Großvater mich zum
Fetischisten machte   73

Wenn Wäsche ans Putzen erinnert
und an Einmalspritzen   82

Weshalb ich einem Automobilclub frühe
Einsichten verdanke   85

Wieso Wahlkämpfer sich mit
Unterhosen befassen   91

Warum Dessous ein Grund sind,
schwul zu werden   94

Was meine Schwägerin mit dem
Dekameron verbindet   100

Wann sich bei Dessous die Frage der
Unterhaltskosten erhebt   104

Wie man den IQ aus der Unterwäsche
berechnet   107

Warum Dessous mehr Aufsehen
erregen als Brillanten   112

Was an der Unterwäsche schmutzig
sein sollte   115

Wen ich zum Schutzpatron der
Dessous ernenne   123

Was alles in der Unterwäsche steckt

Der Anruf kommt im blödesten Moment.

Er ist es.

Warum ruft er denn am hellichten Tag an, wenn ich vor Arbeit kaum Luft kriege.

»Was hast du an?« fragt er.

Als ob's nichts Wichtigeres gäbe. Aber wie ich anfange mit meinem schwarzen Rock (»lang oder kurz, mit oder ohne Schlitz?« fragt er gleich) und mit meinen grauen Stiefeletten, merke ich, wie ich wider Willen weich werde.

Als wir bei den Strümpfen angekommen sind, bin ich mehr verliebt denn je. Und als er sich nach der Unterwäsche erkundigt, weiß ich, daß ich bestimmt nicht, wie eigentlich geplant, bis zehn Uhr abends arbeiten werde.

Den Trick beherrschen einige Männer. Und die sind alle nicht von schlechten Eltern. Auch mein angeheirateter Geliebter hat den Trick drauf. Sonst wäre er vielleicht der unangeheiratete Geliebte geblieben.

Ich habe nie herausbekommen, wer den Trick erfunden hat. Aber ich weiß, daß er immer noch und immer wieder funktioniert.

Über Unterwäsche zu reden, macht begehrlich, und zwar beidseitig. Wer dazu verführt, wird dabei selber verführt. Und wer etwas Verführerisches trägt und beschreibt, geht sich auf einmal selber in die Falle.

Trotzdem will keiner wirklich über Dessous etwas sagen. Sachbücher schreiben, Studien verfassen, Marktforschung betreiben, das schon. Aber nichts Delikates, nichts Intimes ausplaudern.

Weil das unsolide wirkt? Oder oberflächlich? Vielleicht sogar peinlich?

Der Leckerbissen liegt auf einem Lacktablett.

Die Aufforderung ist so verlockend, daß ich in Versuchung bin, sofort zuzugreifen.

Doch dann sehe ich mein Gesicht im Lacktablett und frage mich: Wirst du dein Gesicht nicht verlieren, wenn du genau das annimmst?

Nicht, daß der Verlust so schwer wöge. Aber schließlich gibt es viele Leute, die sich für mich genieren könnten.

Ich will nicht, daß sich jemand für mich genieren muß.

Da liegt es, das leckere Angebot, in bester Gesellschaft über meine Passion zu schreiben. Aber ich soll mich nun ausgerechnet zu der für Dessous bekennen. Alle anderen haben sich zu ungemein hehren, feinen, kultivierten oder zumindest die Massen bewegenden Leidenschaften bekannt. Zu der für Friedhöfe und fürs Bergsteigen, fürs Gästebewirten und fürs kontemplative Gärtnern, für die Magie des Fußballs und die Fülle großer Weine, für die Einsamkeit des Langstreckenläufers oder dafür, beim Reisen und Segeln den Horizont zu weiten. Oder wirklich anrührend dafür, Vögel zu beobachten, Hunde zu erziehen und Katzen zu verstehen. Und obwohl mich außer Fußball das alles auch

begeistert, bekomme ich nun die Aufgabe, mich den Dessous zu widmen, einem Gegenstand, der in Deutschland nicht gerade Hochachtung genießt. Bei uns wird dumm aus der Wäsche geguckt oder es wird schmutzige Wäsche gewaschen. Mit sowas geben sich geistige Menschen nicht ab.

In Frankreich ist das tröstlicherweise ganz anders.

Wenn ein Franzose von »les dessous d'une affaire« redet, meint er die Hintergründe einer Affäre. Und diese Formulierung zeigt, daß man sich dort der Macht der Unterwäsche bewußt ist. Der große Experte für die Kultur und Geschichte der Dessous, Jacques Laurent, ist Mitglied der Académie française. Bei uns wäre er mit so einem Spezialgebiet sofort aus jedem Rotary-Club gekegelt worden.

Und mit welcher Inbrunst haben sich die französischen Künstler den Strumpfbändern und Strümpfen, den Miedern und Höschen gewidmet, von Boucher bis Toulouse-Lautrec, von Lépicié bis Manet.

Allein schon die Geburt des onomatopoetischen Wortes »frou-frou« für die knisternden Seidenteile unter den Kleidern, zeigt jene Zärtlichkeit, die ich hier schmerzlich vermisse.

Sie riechen bereits den Braten: Ich versuche mir selber eine missionarische Bedeutung zuzuschanzen. Nur muß ich zugeben: das haben vor mir schon ein paar andere versucht. Zum Beispiel Vittorio de Sica. Und der hatte natürlich eine Missionarin zu bieten, der ich in keiner Hinsicht gewachsen bin, nicht einmal, was die Oberweite oder den Schenkelumfang angeht, von allem anderen ganz zu schweigen. Wie sie die schwarzen

Nylons von der schwarzen Spitzenkorsage losknöpft, die Zehenspitze mit jener angestrengten Verkrampftheit balletteusenartig aufs Bett gestützt, die einen Striptease erst zur Kunst macht, das läßt ihren Erfolg mit dieser Nummer absolut glaubwürdig erscheinen. Der junge Priesteranwärter, für den sie aufgeführt wird, glaubt sofort nicht mehr an die überlegene Macht der katholischen Kirche, sondern an die der Liebe.

Was Sophia Loren als Callgirl Mara da im dritten Teil von ›Gestern, heute, morgen‹ mit Marcello Mastroianni anstellt, besitzt eine missionarische Wucht, der sich kaum einer entziehen kann. Trotzdem rechtfertigt gerade sie meine epigonale Tätigkeit. Denn leider führt Mara den werdenden Priester, kaum hat sie ihn vom Pfad der Tugend auf den Feldweg der Lüste geführt, wieder zurück auf die alte Strecke. Und warum? Angeblich, weil sie spürt, daß sie ihn in Verwirrung gestürzt hat.

Über das, was sie damit anrichten kann, muß eine Frau, die Dessous mit Erfahrung und Verstand trägt, sich eigentlich vorher im klaren sein.

Mich hat diese Geschichte, in der eine Missionarin geradezu leichtfertig ihren Auftrag vergißt, immer umgetrieben. Warum nur hat Sophia Loren die Waffen gestreckt, wo doch niemand bessere zu bieten hat?

Erst als ich vor ein paar Jahren Robert Altmans ›Prêt-à-Porter‹ gesehen habe, klärte sich das Ganze.

Bekanntlich zieht dort die gereifte Sophia vor dem gereiften Marcello noch mal den gleichen Strip ab, und Marcello pennt dabei auf dem Bett ein.

Es heißt zwar immer, man dürfe Ketchup nicht mit

Blut und Film nicht mit Wirklichkeit verwechseln, aber mir scheint so, als müsse man das hier.

Denn nicht nur, daß Marcello, für den fast jede Frau alles hätte stehen und liegen lassen, von sich bekannte, er sei ein lausiger Liebhaber gewesen. Sophia selbst betont bis heute, nie mit ihm ein Verhältnis gehabt zu haben. Vielleicht hat Vittorio de Sica also schlicht ein Einsehen gehabt mit Sophias instinktivem Gefühl, aus diesem Beau werde im Bett nie was, so daß er das Drehbuch entsprechend änderte. »Les dessous d'une affaire.«

Sicher ist, daß hinter vielen Affären Dessous stecken. Und wahrscheinlich ist das der Grund dafür, daß so wenige Menschen ihre Leidenschaft für Dessous zugeben. Dessous und Gerüchte gehören zusammen, Gerüchte wiederum gehören zusammen mit dem Anrüchigen.

»Wer jetzt etwas Schlimmes denkt, soll sich schämen«, heißt zeitgemäß übersetzt jenes berühmte »Honi soit qui mal y pense«, der Leitspruch des Most Noble Order of the Garter, des englischen Hosenbandordens, gestiftet von Edward III. Verdient hat ihn sich angeblich ein Gast an seinem Hof, der das verlorene Strumpfband einer Gräfin aufhob und seinen Fund mit diesen Worten kommentierte. Offenbar hätte sonst eben doch jeder etwas Schweinisches gedacht. Obwohl das Strumpfband angeblich einer Dame abhanden kam, nicht etwa einem Herrn aus der Tasche fiel. Daß der Gast mitten im England des 14. Jahrhunderts französisch sprach (manche behaupten auch, es sei der König selbst gewesen), beweist jedenfalls, daß Dessous und andere Despek-

tierlichkeiten offenbar für Nicht-Franzosen typisch französisch sind.

Richtig erkannt hat der vornehme Finder: Dessous sind die sanfteste Form von Zündstoff. An ihnen entzündet sich die Phantasie und die Neugierde, der Klatsch und die Sehnsucht.

Dessous sind der letzte Rest Geheimnis in einer entgeheimnisten Welt.

Und niemand kann sie dessen berauben.

Denn sobald jemand Geheimnisse über Dessous ausplaudert, die geheimen Gedanken und Gefühle dazu, werden sie noch erregender. Ihr Nimbus wird dichter, ihr Mysterium größer, ihre Geschichte spannender.

Eine Frau, die schöne Dessous trägt, hat immer etwas zu erzählen.

Und immer etwas zu verschweigen.

Wie wollene Unterhosen eine Passion auslösen

Sie wissen es genau, wie er aussah: der erste BH, den sie einer Frau abgenommen haben, der erste Slip, den sie nervös über ein paar schmalere oder breitere Hüften gezerrt haben. Das ist meistens das früheste Wäscheerlebnis im Gedächtnis der heterosexuellen Männer, und es haftet dort wie noch ein paar Jahre vorher Kletten an ihren Kniestrümpfen.

Meine früheste Wäscheerinnerung ist älter. Ich kann mich nämlich an meine eigene erste Unterwäsche erinnern. Nein, es ist nicht der Geruch, wenn ich in irgendeinem Drogeriemarkt am Regal mit den Papierwindeln vorbeigehe. Es ist eine sehr klare Erinnerung.

Meine erste Unterwäsche war zwischen die Beine eines Hockers gespannt, der mit dem Sitz nach unten auf dem Tisch lag. Und durch meine erste Unterwäsche rann es süß, klebrig und nach Quitte duftend. In einen Kochtopf untendrunter, in dem dann das Quittengelee gekocht wurde.

Meine wunderbare Mutter hat mißtrauischen Küchenspionen übrigens immer glaubhaft versichert, die Windeln seien mehrfach gekocht und garantiert frei von Waschmittelrückständen.

Mit solchen romantischen Erinnerungen können aus meiner, einer frühen deutschen Pampers-Generation, nur wenige Leute aufwarten. Ich verdanke sie dem psychologisch fundierten Anachronismus meiner Mutter, die bis heute der Ansicht ist, wenn Kinder noch mit vier in die Hose pinkelten, dann sei das die Spätfolge der Pampers. Denn in dem angenehm warmfeuchten Klima lerne ein Kind nie, wie ungemütlich es sei, naß zu werden.

Ich bin übrigens die wandelnde Bestätigung ihrer Theorie: Mit 40 bin ich noch immer absolut trocken, wenn auch nicht im Sinn der bekennenden Alkoholiker.

Die darauffolgende Phase meiner Dessous-Entwicklung ist kochfest, reißfest, weiß und gerippt. Meine Mutter vertrat in Fragen der Unterwäsche einen durchaus kommunistischen Standpunkt: Sie diene der Hygiene, nicht der Unterscheidung. Unterwäsche muß bis heute in ihren Augen nur eines sein: praktisch. Praktischerweise kaufte sie also für uns drei Mädchen im Sommerschlußverkauf in drei verschiedenen Größen »Schiessers Feinripp« im günstigen Großpack. Allerdings wurde eine gewisse Individualität in der Auswahl der Paßform zugelassen.

Meine ältere Schwester bevorzugte das großzügig geschnittene Modell, das sie morgens energisch den schmalen Leib hochzog, weit über den Bauchnabel, wohingegen ich mir bauchnabelfreie knappere Modelle ausbedungen hatte. Wenngleich meine Mutter klaglos diesen Sonderwünschen stattgab, spürte ich die leichte Sorge in ihrem Blick, das könnten bereits erste Anzeichen einer prostitutiven Veranlagung sein.

Aber als kluge Frau kannte sie natürlich Mittel und Wege, eventuelle Frivolität ohne jede autoritäre Debatte einzubremsen.

Da stehen frühmorgens zwei (männliche) Freunde mit

dem Rad vor dem Garten, um mich abzuholen zum gemeinsamen Passionsweg Richtung Schule. In einem Rock, den mein mich liebender Vater als Volant bezeichnet, verlasse ich das Haus, aber bevor ich die beiden minderjährigen Herren erreiche, gellt der hochdramatische Mezzosopran meiner wunderbaren Mutter in meine Ohren:

»Hast du auch eine wollene Unterhose drübergezogen?«

Das nennt sich Rhetorik.

Sage ich nein, werde ich umgehend zurückbeordert und muß mich vervollständigen; sage ich ja, dann sehen meine Verehrer natürlich nicht mehr meinen kurzen Rock und meine langen Beine, sondern sehen wie mit Röntgenblick nur noch meine wollene Unterhose.

Tricks wie der, das »Ja, Mammi« so leise auszusprechen, daß es nur bei ihr, nicht bei den wartenden Zaungästen zu hören wäre, endeten kläglich.

»Was sagst du?« deklamierte meine Mutter dann noch mal. »Ich versteh' dich nicht. Hast du jetzt eine wollene Unterhose an oder nicht?«

Offiziell wurde diese Enterotisierungsmaßnahme, lange bevor auch nur unter dem Mikroskop ein Brustansatz bei mir zu erkennen gewesen wäre, selbstverständlich medizinisch untermauert. Blasenentzündungen sind bekanntlich vor allem für das weibliche Geschlecht eine dauernde Bedrohung.

So wie auch offen getragenes langes Haar nach Ansicht meiner Mutter ebenso gefährlich wie unpraktisch ist, also zu einem Zopf geflochten werden muß.

Auf diese Weise ist früh der Keim zu meinen Leidenschaften gelegt worden: Alles Unpraktische faszi-

niert mich. Bis heute und wahrscheinlich bis zu meinem Ende, für das ich mir eine absolut unpraktische Bestattungsart ausdenken werde.

Ich habe nur unpraktische Dinge studiert, von Literaturwissenschaft bis Kunstgeschichte, von Tonsatz bis Psycholinguistik. Ich habe eine Begeisterung für weißbezogene Möbel entwickelt – »unpraktischer geht's nicht«, seufzt meine wunderbare Mutter jedesmal wieder mitleidsvoll. Nichts liebe ich mehr als unpraktische Schuhe mit hohen Absätzen und Riemchen. »Wie«, wird meine wunderbare Mutter nicht müde zu fragen, »kannst du denn da drin gehen, Kind!« Meine Entgegnung: »Einen Fuß vor den anderen«, beruhigt sie leider nicht.

Die Liebe zum Unpraktischen macht selbstverständlich nicht vor intimen Teilen halt. Eigentlich müßten die Hersteller teurer Unterwäsche Müttern wie meiner Dankesschreiben zukommen lassen, denn nur durch sie wird für Nachwuchs unter den Dessous-Liebhaberinnen gesorgt. Meiner Mutter verdanke ich nämlich auch die Passion für unpraktische Unterwäsche.

Wüßte meine wunderbare Mutter, daß ich meine Dessous von Hand herauswasche, sie zweifelte am Erfolg ihrer erzieherischen Bemühungen. Immerhin denke ich dabei jedesmal an sie.

Und ich höre sie dann sagen: »So was kann man sich halt nur leisten, wenn man keine Kinder hat.«

Ungerecht ist nur eins: Wenn wir gefragt werden, warum wir keine Kinder haben, und mein angeheirateter Geliebter sagt: »Weil meine Frau sonst keine Zeit hat, ihre Dessous von Hand zu waschen«, dann gilt das als herzlos.

Warum Lektüre auf dem Speicher zu schwarzen BHs führen kann

Zeitschriften waren bei uns zu Hause, abgesehen von ›Merian‹, ›Westermanns Monatsheften‹, ›Spiegel‹ oder ›Zeit-Magazin‹, verpönt.

In den Augen meiner wunderbaren Mutter war und ist alles buntbedruckte Papier Inbegriff werblicher Verführung und Lügenhaftigkeit, die sie bis heute konsequent »saublöde Reklame« nennt.

Mein Defizit an bunten Bildern wurde mir nahezu täglich bewußt. Alle meine Schulfreundinnen, wirklich alle, verband eine Gemeinsamkeit, an der ich nicht teilhatte. Sie hing an der Wand oder an der Tür in ihren Zimmern und wechselte zweiwöchentlich, synchron selbstverständlich. Und zeigte das jeweils aktuelle Ausklappidol aus ›Bravo‹. Heimlich erworbene und noch heimlicher gelesene ›Bravo‹-Hefte brachten mir allerdings nicht den erwarteten Lustgewinn. Schon deswegen, weil ich ja den zentralen Wertgegenstand des Blatts, das Ausklappidol, nicht verwenden konnte.

Außerdem fand ich den Preis, zu dem es bereits ein Taschenbuch gab, unverschämt, denn an einem Taschenbuch las sich zehnmal so lang. Mich störte auch der Streß bei der Lektüre, die Anspannung, immer bereit zu sein, dieses Objekt des Anstoßes unter der Decke oder in einer Schublade verschwinden zu lassen und dann das leise Mißtrauen im Auge meiner Mutter blinken zu sehen.

Daß ich gerne und äußerst kundig Einkaufsgänge unternahm, bevorzugt zu EDEKA, hat meine Mutter nicht mißtrauisch gemacht. Und die ›Kluge Hausfrau‹ die dort auslag, schien ihr wahrhaftig keinen Grund dazu zu geben. Sie ahnte freilich nicht, daß ich herzklopfend die Seite mit den Leserinnen-Anfragen studierte.

»Was«, schrieb da eine Gertrud M. aus D., »soll ich machen, um für meinen Mann wieder aufregend zu sein?«

»Kaufen Sie sich einen schwarzen BH, einen neuen Lippenstift und erwarten Sie ihn in nichts anderem bei Kerzenlicht und einem Glas Sekt«, hieß die Antwort.

Tagelang, wochenlang trieb diese Antwort mich um. Ich ging sämtliche Tanten und Nenntanten durch, ältere Mädchen, die sich am Strand in derselben Großkabine umzogen: Noch nie hatte ich an irgendeinem weiblichen Wesen schwarze Unterwäsche gesehen.

Ich beschloß, diesem mysteriösen Hinweis nachzugehen, was ziemlich schwierig war. Denn ich witterte weitere Information genau dort, wo ich nicht rankam: in Illustrierten.

Das Schicksal meinte es gut mit meinem Wissensdurst und stillte ihn mit Hilfe eines gewissen Herrn K.

Herr K. zog in unserem Haus in die Dachwohnung ein und bekam ein Stück von unserem Speicher. Dort legte er in großen Pappkartons einen Schatz ab, unverschlossen, jedem zugänglich, der Zugang zu unserem Speicher hatte.

Also auch mir.

Der Schatz war blaß malvenrot und außendrauf stand ›Lesezirkel‹.

Innendrin offenbarte sich mir die herrlich schillernde Welt des Klatschs: ›Bunte‹ und ›Stern‹, aber auch

›Quick‹ und ›Neue Revue‹. Und worauf stieß ich in den beiden letztgenannten Titeln?

Auf Frauen in schwarzer Unterwäsche.

Das verbotene Lesen in verbotenen Illustrierten, wofür ich mich auch noch unter windigen Vorwänden auf den Speicher zurückziehen mußte, hat dafür gesorgt, daß schwarze Unterwäsche für mich zum Symbol des Verruchten geworden ist.

Kaum freigelassen ins Studium beschloß ich also, mir vom bescheidenen Etat Geld für schwarze Unterwäsche abzuzweigen.

Aber die Vorstellung, es handle sich dabei um ein Erkennungszeichen sexuell ausgebuffter Damen oder um die Absichtserklärung begehrlicher Gattinnen, war so gründlich eingesickert in meine Seele, daß ich zweimal vor dem kleinen Laden hinter der Uni stand, die Türklinke in der Hand, und wieder ging. Denn der kleine Laden hatte zwar neben handschriftlich kommentierten Pullovern (»der schmuseweiche Pullover fürs Wohlgefühl«) und Goldknopf-Jacketts (»zum Ausgehen« oder »für den besonderen Anlaß«) auch schöne Spitzenunterwäsche im Fenster (»für zärtliche Stunden«), aber keine schwarze. Ich hätte also danach fragen müssen.

Und so landete ich dort, wo ich mich so unwohl fühlte wie früher in den Mehrzweckhallen, wo sich Frittengeruch und Knabenschweiß über den Schulchorgesang legten. Ich landete im Kaufhaus, Abteilung Unterwäsche. Mit ergrimmten Gesichtern, gierig und zum Äußersten entschlossen, als gehe es drum, im Müll nach Eßbarem zu suchen, wühlten Frauen im Wühltisch. Nein, der Wühltisch war mir zu eklig. Lieber am nächsten Tag kein Mittagessen.

Ich erwarb also einen Zweiteiler vom Plastikbügel, pechschwarz, mit Spitze.

Aber immer, wenn ich ihn anzog, stieg mir dieser Mehrzweckhallengeruch des Kaufhauses in die Nase, und weg war der Zauber.

Die nächste schwarze Unterwäsche erwarb ich mutig bei einem alteingesessenen feinen Wäschegeschäft, wo ich von ältlichen Verkäuferinnen mit betonierter Büste fürsorglich beraten wurde. Leider zu fürsorglich; eine von ihnen legte mir nämlich in der Kabine einen Bleistift unter die rechte Brust, der sofort auf den Boden fiel und erklärte dann, einen BH bräuchte ich strenggenommen noch nicht.

Zu meinem Erstaunen erstaunte keinen einzigen meiner Liebhaber die brisante Tatsache, daß ich schwarze Dessous anhatte. Fast enttäuscht war ich, daß der Nimbus dieser sündigen Teile anscheinend in den Jahren zwischen meinem zehnten Geburtstag und meinem Abitur rapide verfallen war.

Trotzdem blieb ich bei Schwarz. Auch als A. in mein Leben trat.

Ein Mann, der entschieden zu feurig war in der Liebe, um auch nur einen Blick auf meine Unterwäsche zu werfen. Ich vermute, er hätte nicht sagen können, ob sie weiß, rot oder rosa war. Wäre er nicht darauf verwiesen worden. Und zwar ziemlich streng.

A. hielt sich auf dem oberbayrischen Land, wo er aufgewachsen war, eine Wochenendwohnung im ersten Stock eines Austragshäuserls, in dem unten zwei grobknochige Mägde herumschlurften, deren Sprache ich anfangs so gut verstand wie Kisuaheli. Meine schwarze Unterwäsche,

20

die ich an der Leine vor dem Holzbalkon oben zum Trocknen festklammerte, wunderte sie allerdings nicht. A. war in ihren Augen ohnehin die Verkörperung des Verderbten. Und hier, wo man ihm in der Grundschule als einzigem Protestanten beigebracht hatte, die Katholen beteten mit senkrecht stehenden zusammengelegten Händen, weil die Finger dann gen Himmel wiesen, die Evangelen jedoch mit gefalteten, wo die Finger gen Hölle zeigen, war die Welt auch in Ordnung, wenn die Freundin dieses Monsters schwarze Dessous trug. Dann aber kam die Schwester von A. zu Besuch, älter als er, ausgestattet mit unausweichlicher Ehrlichkeit, unverwüstlicher Fröhlichkeit und Selbstzufriedenheit sowie einem Weltbild, das genauso solide zementiert war wie das Silo gegenüber.

Als sie ihre weißen Blusen festklammern will an der Leine, fällt ihr Blick zwangsläufig auf meine schwarzen Kleinteile.

Ihr Gesicht wird röter, ihre Stimme noch lauter.

»Also wenn ich so was anziehen würde, dann würde mein Günther sagen: ›Bist du 'ne Nutte oder was?‹«

Die Schwester von A. hat nie erfahren, welche tiefe Freude sie mir mit dieser Empörung bereitet hat.

Aber die Enttäuschung folgte. Und ich hatte sie mir durch meinen blindwütigen wissenschaftlichen Forscherdrang auch noch selber eingebrockt. Ich mußte erfahren, daß meine geliebte verruchte schwarze Wäsche eigentlich gar nicht verrucht ist. Bei einem französischen, also in diesem Metier absolut glaubwürdigen Dessous-Historiker namens Cécil St. Laurent, stieß ich auf den Satz: »Schwarze Unterwäsche, die bis zum Ersten Weltkrieg nur von respektablen Frauen getragen, ein Zeichen von Schicklichkeit war, wurde nunmehr (zwischen den beiden Weltkriegen) als dubios angesehen und zur Dienstkleidung der Prostituierten.«

Warum die Prostituierten sich der dunklen Dessous bedienten, an denen doch offenbar der fromme Geruch der Anständigkeit haftete wie Mottenpulverduft am Feiertagsgewand, schien mir allerdings völlig rätselhaft. Sucht der Freier doch auf Abwegen etwas Abwegiges und nicht das Normale.

Erst viel später kam ich auf die Lösung dieser bedrängenden Frage.

Mit Hilfe einer großen blonden Dame mit rauchiger Stimme, langen Beinen, Cartier am Hals und Nerz um die Schultern, die ich in einem Zürcher Hotel traf. Diese Dame, die sich A. nannte, sollte ich interviewen. Unter dem Siegel der Verschwiegenheit, das sie natürlich nur so lose aufdrückte, daß es jeder Trottel öffnen konnte, was er auch sollte, verriet sie mir, sie heiße eigentlich Baronesse von E., wolle aber diesen Namen mit Rücksicht auf irgendwelche greisen Verwandten nicht schänden. A. war zu diesem Zeitpunkt – und wahrscheinlich ist sie es immer noch – die teuerste Puffmutter der Welt, obwohl sie weder etwas Mütterliches besaß noch ein Puff. Sie hatte nach reiflicher Überlegung nämlich den Betrieb der legendären Madame Claude übernommen, der der Pariser Straßenbelag zu heiß geworden war. Um A. zu verstehen, die in einer höchst probaten Mischung aus intelligentem Management und herzenswarmer Vertraulichkeit die Sympathie ihrer Mitarbeiterinnen erworben hatte, sollte ich mit denen reden. Deren Tarife von 1.500 bis 2.000 Dollar pro Nacht, wobei Sex nicht von vornherein inklusive ist, machten klar: es handelte sich um Töchter aus gutem Hause. Die aus dem allerbesten, einem hochadligen, war auch am besten ausgebucht. Ihr offizieller Job: Trainee bei einem der feinsten Auktionshäuser in London. Mit diesem Vorwissen traf ich C.: eine unauffällige junge Frau mit braver Perlenkette, Hermès-Tuch um die Schultern, aschblondem halblangem Haar und biederem Lächeln.

Das Geheimnis ihres Erfolgs: »Die Männer«, erklärte sie mir, »wollen eigentlich nur ihre Mutter. Oder deren verbesserte Ausgabe. Deswegen heiraten sie eine Frau, die wie ihre Mutter ist. Und dann gehen sie fremd mit einer, die genauso aussieht. Die wollen ja nichts Neues, nur etwas anderes.«

So also hatten die schwarzen Dessous damals funktioniert. Und hätte ich Söhne, die mich in meinen schwarzen Dessous kennten, würde es bei ihnen wieder so funktionieren. Die Männer in meinem Alter aber haben Mütter gehabt, die nur nach Lektüre eines EDEKA-Heftchens auf die Idee verfallen wären, schwarze Dessous zu tragen. Unsere Mütter trugen und tragen weiße Baumwolle (praktisch wegen der Waschmaschine) oder hautfarbenes Lycra (praktisch, weil es nicht durchscheint und die Diät spart).

Wie konnte ich also bloß auf die Idee verfallen, Schwarz sei aufregend?

Das kann es im besten Fall für einen Mann sein, der die Mutter überwunden hat.

Auch so gesehen ist mein Mann die einzig wahre Lösung für mich: Er ist Psychoanalytiker.

Was eine Strickmaschine zur Selbsterkundung beiträgt

Es gibt heute Gradmesser für fast alles. Testgeräte für den Hausgebrauch. Blutdruckmeßgeräte für den Laien, Körperwaagen, die den Fettgehalt messen und Spezialgeräte am Steuer, die den Promillegehalt feststellen.

Was fehlt, ist ein Belastungsmesser für die Partnerschaft. Wieviel hält sie auf die Dauer aus?

Bei uns zu Hause gab es so etwas bereits, erworben und verwendet von meiner wunderbaren Mutter. Es handelte sich um ein Gerät von hellgrüner Farbe aus Metall; »tricoss« stand drauf. Offiziell nannte es sich Schnellstrickmaschine. mein Vater nannte es lautmalerisch Ritschratsch.

Abends wurde die Maschine nach dem Essen auf dem Eßtisch aufgebaut und in gnadenlos exaktem Rhythmus bedient. Ob da Mozart aufgelegt wurde oder Brahms, ob der Rest der Familie Mensch-ärgere-dich-nicht spielte oder den Versuch unternahm zu lesen: Alles geriet in den Bann von »tricoss«. Die Figuren auf dem Brett wurden im Rhythmus der Ritschratsch geschoben, selbst Mozart und Brahms schienen an »tricoss« gedacht zu haben, als sie ihre großen Werke komponierten, und alle Autoren dieser Welt von Boris Pasternak bis Dorothy Sayers schienen unter »tricoss«-Einfluß geschrieben zu haben, denn ihre Sprache wurde von demselben Rhythmus getragen.

Angeblich gibt die Streitkultur Aufschluß über die Qualität einer Beziehung.

Welche Einwände da vorgebracht werden und vor allem wie.

So gesehen war »tricoss« für uns alle, besonders jedoch für meinen Vater, eine argumentative Herausforderung.

Schließlich demonstrierte jedes Ritsch und jedes Ratsch, daß meine wunderbare Mutter Qualitäten hatte, von denen Ehemänner angeblich träumen: Sparsamkeit, Fleiß, Aufopferungsbereitschaft und praktisches Denken.

Mein Vater und die Ehe meiner Eltern bestanden den Partnerschaftstest bravourös. Und so dramatisch »tricoss« in unser Leben eingebrochen war, so sang- und klanglos verschwand sie wieder aus ihm. Keiner von uns könnte genau sagen, wann.

Dazwischen lag aber eine Zeit der Prüfungen. Während diese für meinen Vater mit dem Zubettgehen endete, begann sie für mich mit der Vollendung der darauf gefertigten Produkte. Klamm sah ich die Strumpfhosen aus Dralon aus der Ritschratsch wachsen, länger und länger werden. Und irgendwann wurden sie auch fertig.

Die »tricoss«-Strumpfhosen waren absolut blickdicht und erbarmungslos stabil. Mittlere Stürze überstanden sie unbeschadet. Und schwere selber zu inszenieren klappt so schlecht, wie sich selber zu erwürgen.

Leider hatten die Strumpfhosen einen starken Hang, dem Gesetz der Schwerkraft zu folgen, und wenn, was meistens in der Öffentlichkeit geschah, der Zwickel zwischen den Knien angelangt war, gab es keine andre Lösung als mit einem Griff, der im Lauf der Jahre immer routinierter wurde, das Ding wieder nach oben zu zerren, am besten unter dem Rockbund durchzufädeln, um den nächsten Niveauverlust einzubremsen.

Bei einer Sechsjährigen wirkt so etwas komisch, bei einer Zehnjährigen auch noch, bei einer Dreizehnjährigen, so mager sie auch sein mag, verliert diese Geste allerdings ihre Unschuld. Zumindest in den Augen Außenstehender. Und erstaunt stellte ich fest, daß es Voyeure gab, und zwar überall.

Sehnsüchtig wartete ich auf den Sommer, und der Tag, an dem meine wunderbare Mutter morgens mit einem Blick aufs Außenthermometer die Kniestrümpfe freigab, war für mich fast so herrlich wie der erste Tag der Schulferien. Ich fühlte mich befreit, leicht und geradezu schön.

Allerdings gab es in der Sommerzeit eine analoge Erscheinung zu den Strickstrumpfhosen, die der Tatsache zu verdanken ist, daß eine ältere Halbschwester meiner Mutter in eine recht reiche Familie eingeheiratet hatte. Von dem Reichtum hatten wir leider nichts, dafür aber viel von dem Umstand, daß in dieser Familie Bademoden produziert wurden. Diese Bademoden waren berühmt für ihre enorme Strapazierfähigkeit und Haltbarkeit. Daß sie diesen Ruf zu Recht hatten, durfte ich jeden Sommer wieder erleben.

Mode ist bekanntlich Ausdruck ihrer Zeit. Und diese Bademoden drückten eine Zeit aus, die wie meine Cousine 15 Jahre älter war. Sie waren das textile Äquivalent zu panzerartigen Kühlschränken der wirtschaftswunderbaren Jahre und zu Autos aus zentimeterdickem Blech.

In trockenem Zustand kratzten sie einfach nur und darauf war ich ja durch das Strickstrumpfhosentraining im Winter bestens vorbereitet. In nassem Zustand aber verwandelten sich die reinwollenen Teile (mit Wollsiegel), die meistens die Farbe von Nacktschnecken hatten, in zentnerschwere Säcke, die mit sehr viel größerer Energie dem Gesetz der Schwerkraft folgten als die Strumpfhosen.

In beiden Fällen aber hatten diese Textilien einen unbeabsichtigten Effekt: Sie machten mir den Umstand bewußt, daß ich weiblichen Geschlechts war. Denn so wie der Griff an die Strumpfhose für neugierige Blicke sorgte, die ich mir erklären mußte, so zwang mich auch die Glotzerei, die mein rutschender nasser Wollbadeanzug auslöste, mir mal Gedanken zu machen, was da wohl bestaunenswert sei an meinem Klappergestell.

Und dann geschah das Wunder, unerwartet, wie sich das für Wunder gehört: Ich durfte mir, einfach so, ohne Geburtstag oder Weihnachten, einen neuzeitlichen Badeanzug aussuchen, es konnte sogar ein Bikini sein.

Um mich für dieses Geschenk zu bedanken, entschied ich mich für einen Zweiteiler in der Farbzusammenstellung, die meine Mutter an mir besonders gern sah – die der französischen Trikolore. Dicke Punkte in Rot und Blau auf weißem Grund. Keine Stunde nach Erwerb dieses Prachtstücks tauchte ich damit in den See. Als ich ihm entstieg und weisungsgemäß sofort etwas Trockenes anzog (die Nacktschneckenanzüge waren ja immer noch da), stellte ich erschreckt fest, daß mich anscheinend eine Krankheit befallen hatte. Dort, wo ein Busen vorgesehen war, und dort, wo einmal Schamhaare wachsen sollten, zeigten sich leuchtendrote Flecken. Nicht, daß mich das wirklich erstaunt hätte. Längst hat-

ten wir gelernt, daß alles Schöne im Leben einen Pferdefuß hat, und so schien es mir geradezu naheliegend, daß das Tragen dieses Bikinis etwas Negatives mit sich bringen mußte. Aber meine Mutter sagte nur: »Das ist dieses Scheiß-Chemie-Rot. Ich bin gespannt, wann die das mal hinkriegen, ein Rot zu machen, das nicht abfärbt.«

Theoretisch war das beruhigend, praktisch aber hieß es für mich, die störenden roten Flecken zu entfernen. So schlecht sie im Bikini hielten, so gut hielten sie auf meiner Haut. Die Entfernung brauchte Zeit.

Ich rubbelte erst oben, was mir die Erkenntnis bescherte, daß selbst meine mit bloßem Auge kaum wahrnehmbaren Brustwarzen wachsen konnten. Und dann rubbelte ich unten, was mich dazu nötigte, mich mit dieser Region gründlich zu befassen. Als die roten Flecken weg waren, hatte ich einiges dazugelernt, zum Beispiel, möglichst keine rote Unterwäsche zu tragen.

So wie ich also für die jahrelangen Leiden an den Nacktschneckenbadeanzügen mit interessanten Forschungsergebnissen belohnt wurde, war es auch ein Moment ausgleichender Gerechtigkeit, daß die Hochzeit genau der Cousine, der jener Fluch gestrickter Bademoden zuzuschreiben war, auch den segensreichen Einbruch der Nylonstrumpfhose in mein Leben bedeutete.

Ich bekam mein erstes langes Kleid, türkis-gelb-orange gestreift, und eine kleine Schachtel, in der ein schrumpliges Gebilde lag, das sich am Bein zur Strumpfhose dehnte.

Das Glücksgefühl, diese Nylons anzuziehen, war unbeschreiblich.

Manchmal zog ich mich allein ins Badezimmer zurück, einfach nur, um die Strumpfhosen auf den Beinen zu spüren. Überzogen von dem Material, das auf der Schachtel als »Kräuselkrepp« ausgewiesen wurde, schienen sie mir auf einmal Formen zu bekommen und entfernte Ähnlichkeit mit der Sorte von Beinen, die ich bewunderte: Beine mit Schwung, wo sich über einem schmalen Knöchel eine schöne Wade wölbte.

Noch wölbte sich bei mir nichts außer der dicken großen Zehe im verstärkten Fußteil, aber ich hatte das Gefühl, endlich teilzuhaben an der herrlichen Welt der Weiblichkeit. Damit die mir nicht gar zu herrlich vorkam, wurden diese Strumpfhosen mit einer Auflage versehen: Im Gegensatz zu der bewährten Dralonware seien sie nicht warm, also müßten sie mit einer wollenen Überunterhose kombiniert werden.

Aber nicht nur meine wunderbare Mutter, auch die Natur und die Strumpfhosenindustrie arbeiteten daran, bei mir ein gewisses Unbehagen in der Strumpfkultur wachzuhalten. Denn an meinem Körper wuchsen nur die Beine wie Salat, der ins Schießen gerät und ohne Saft und Kraft länger und länger wird. Wieder saß also der Zwickel so tief, daß das normale Gehen beklemmt wirkte. Eine mutig erworbene Strumpfhose in Größe 44 hatte zwar ausreichend lange Beine, dafür aber ein Oberteil, das den ganzen Oberkörper bedeckte, also wie damals die Hervorbringungen der »tricoss« unter dem Rockbund durchgefädelt werden mußte. Die nackte Notlage, keineswegs die Idee, damit etwas Aufreizendes zu erwerben, brachte mich zu den ersten Strapsen. Strumpfhalter, wie sich das professionell nennt.

Es war in einer Eisdiele in Schwabing, in der ich feststellte: Es gibt Männer, die so etwas auch an ihrem Körper erotisch finden. Natürlich in analoger Form.

R., ein Freund, der immer der Ansicht ist, die Welt und die weibliche Welt erst recht, verkenne seine geistige Größe, versucht die notwendige Erkenntnis durch eine unablässig sprudelnde Rede zu unterstützen. Er motzte seine Überlaststelle an der Uni zur Privatdozentur auf, legte sein neu erschienenes Buch so auf den Tisch, daß es einem in die Augen sprang, und sah sich bemüßigt, zweimal rauszugehen, um zu kontrollieren, ob auch alles mit dem schönen Liebhaberauto vor der Tür in Ordnung sei. Trotzdem wollte das Mädchen mit den schönen Vanilleeiskugeln in der Tüte ihm einfach nicht bewundernd zu Füßen sinken. Da entblößte er seine sehr männliche Wade mit leuchtendgelben Socken, die an hautfarbenen Bändern festgeklammert waren. Die Bänder wiederum endeten in einem Stoffgürtel, den er unterhalb des Knies umgeschnallt hatte. Sie glotzte auf seine Wade, und er fragte: »Weißt du, was das ist?« Sie wußte es nicht, was, wie R. weiß, die beste Voraussetzung für den Sturmangriff ist. »Das ist ein Sockenhalter«, verriet er ihr mit sonorer Stimme. »Kultivierte Männer tragen so was.«

»Dann«, sagte das Mädchen von der Eisdiele, »kenn' ich lieber keine kultivierte (sic!) Männer.«

Daß ein Mann auch Strapse will, wo das an Frauen doch so zuverlässig erotisierend wirkt, das konnte ich irgendwie noch nachvollziehen. Nicht aber das, was ein österreichischer Strumpfhosen-Hersteller neuerdings stolz präsentiert: Er hat die erste vollwertige Herrenstrumpfhose herausgebracht. Aus »atmungsaktivem und blickdichtem Baumwollmix« und selbstverständlich »in einmaliger Paßform« ; sie sei »auch für den Business-Bereich bestens geeignet«.

Warum, frage ich mich, braucht ein Mann im Business eine Strumpfhose?

Geht es derart kalt zu in den höheren Etagen? Dann: Wozu muß sie blickdicht sein? Trägt er denn keine Hosen drüber? Und warum muß sie atmungsaktiv sein? Was versetzt ihn denn im Job in derartige Erregungs-zustände? Vor allem aber: Was treibt der Mann dort? Die Werbung zu besagter geschäftstauglicher Strumpfhose zeigt nämlich einen Herrn mit nacktem Oberkörper, ein Knie demütig auf dem Boden, das andere anmutig auf-gestellt. Die richtige Pose für einen jederzeit, überall und in jeder Hinsicht dienstbaren Geist.

Solche sollen wohl die Strumpfhose kaufen.

Frauen, die den Männern die Unterwäsche kaufen, machen da nur mit, wenn ihr Interesse an ihm als Mann sich nicht aufs Geschlechtliche ausdehnt.

Einer meiner Liebhaber hat mir mal erklärt, warum er Strumpfhosen unerotisch findet:

Sitzen zwei schweigsame Iren im Boot und fischen.

Geht dem einen eine wunderschöne Nixe ins Netz mit einem Engelsgesicht und teuflischen Titten. Wortlos wirft er sie sofort wieder ins Meer zurück.

»Why?« fragt der andere.

»How?« fragt der Fänger.

How? fragt sich der Mann seit Erfindung der Strumpf-hose angesichts der Strumpfhose, denn Männer haben aus unerfindlichen Gründen (offenbar spülen sie heim-

lich Geschirr) immer rauhe Hände und daher Hemmungen, das zarte Utensil durch unsachgemäße Behandlung zu verletzen. Aber während dessen gestattete Zerstörung optischen Lustgewinn verheißt, sind männliche Strumpfhosen aus jenem blickdichten Baumwollmix nicht dazu gedacht, von mutwillig begehrlicher Hand zerstört zu werden. Und das hat seine Gründe: der Hersteller wird sich mit Statistiken über Appetenz des Mannes beschäftigt haben. Denen zufolge ist ja der sexuelle Appetit eines erfolgreichen Managers nach einem normalen Arbeitstag mit bloßem Auge kaum wahrzunehmen.

Die Männerstrumpfhose als Rüstung, als Panzer gegen weibliche Übergriffe?

Es ist zwar gerade erst juristisch befunden worden, eine Frau könne einen Mann nicht vergewaltigen. Dagegen wird ihr relativ bereitwillig abgenommen, wenn sie behauptet, er habe es gewollt. Wir dürfen ja nicht vergessen, daß wir in Zeiten des »Sex-BelAP«-Gesetzes leben. Dieser Paragraph zur sexuellen Belästigung am Arbeitsplatz sieht ja bereits in der Tatsache, daß ein Mann in ein Dekolleté hineinschaut, das zum Hineinschauen gemacht ist, oder auf einen Stretchmini glotzt, der zum Glotzen gedacht ist, eine sexuelle Belästigung der Kollegin in Dekolleté oder Stretchmini. Erschwerend, wenn sich bei ihm dabei Zeichen sexueller Erregung abzeichnen. Und unter dem Panzer einer straffen, blickdichten Strumpfhose zeichnet sich da so schnell nichts ab.

Aber jeder Panzer hat eben zwei Seiten: Er schützt, aber er engt ein.

Und das wissen wir Frauen schon etwas länger.

Warum es lebensgefährlich sein kann, keine Unterwäsche zu tragen

Die Klatschpresse ist anspruchsvoll. Das wird von ihren Gegnern bestritten, ist aber leicht zu beweisen. Denn die Klatschpresse ist nur sehr, sehr schwer glücklich zu machen. Das kostet Paparazzi, Geld und Nerven.

Im September 1991 gelang es ausnahmsweise ganz einfach. Denn es gelang ohne den geringsten Aufwand ein Porträt von Baronesse Francesca Anna Thyssen Bornemisza, das die Welt noch nicht gesehen hatte.

Ein vollkommenes Oval, gerahmt von einer Versace-Robe. Glatt und leuchtend die weiße Haut, die Backen vor Aufregung leicht gerötet. Genau das richtige Bild von einer elitären Debütantinnen-Soiree.

Daß die Baronesse von vorne gut ausschaut, war ja zur Genüge bekannt, aber daß sie von hinten einen derart verlockenden Anblick bietet, offenbarte erst ein Windstoß, der besagte Versace-Robe neugierig hochhob, als sie auf den Palast des venezianischen Grafen Giovanni Volpi zuging.

Im September 1991 ging dieses Porträt durch die bunten Illustrierten.

Und es schien ganz so, als habe sich die schöne reiche Francesca damit etwas vermasselt: eine seriöse Partie. Denn Klatschspalten sind wie Gletscherspalten: Wer einmal reingeraten ist, kommt in den seltensten Fällen wieder heil heraus.

Francesca heiratete kurz darauf Karl von Habsburg, den Urenkel des letzten Kaisers.

Die sehr standesbewußte Familie Habsburg hat es offenbar nicht gestört, daß ihr neues Familienmitglied öffentlich unten ohne aufgetreten war. Aber das wundert nur Banausen. Gebildete Menschen wissen: die Habsburgs haben eben eine Ahnung von Geschichte. Im wäscheverliebten Wien des 17. Jahrhunderts gehörte zu der Brautgabe, die die junge Frau in die Ehe mitbrachte, neben 6 Krägen, 6 Paar Manschetten, 6 Taschentüchern und 6 Hemden nämlich nicht eine einzige Unterhose.

Unterhosen hat es zwar im antiken Rom genauso gegeben wie im mittelalterlichen Frankreich. Aber vor allem für Männer. Denn Unterhosen sollen vor Stoß, Druck und Verletzung schützen, und da befand man offenbar die männliche Intimregion als schutzbedürftiger. Dann will Unterwäsche natürlich vor Kälte bewahren. Die inneren Organe, von der Blase bis zu den Eierstöcken oder der Prostata genauso wie die äußeren, von Anatomen wenig verlockend als primäre Geschlechtsmerkmale bezeichnet. Wäre aber der klimatisch notwendige Schutz das einzige Motiv, Unterwäsche zu tragen, bräuchten Bewohner warmer Regionen gar keine. Und die Norwegerinnen oder Isländerinnen müßten führend sein im Unterwäsche-Verbrauch. So gesehen ist es ein Zeichen pragmatischer Vernunft, die einer Baronin von Thyssen immer gut steht, wenn sie im lauen Venedig auf wärmende Unterkleidung verzichtet. Und Konsequenz zeigt statt aufwendiger Dessous.

Glück hat sie allerdings, daß ihr rühriger und gerade

in Liebesdingen ausgesprochen internationaler Vater, sie nicht in Japan hat zur Welt kommen lassen. Dort hätte sich Francesca von Thyssen womöglich mit ihren Kleidungsgewohnheiten einen Selbstmord eingebrockt.

Als 1932 in einem Kaufhaus in Tokyo, Stadtteil Asakusa, Feuer ausbrach und ein Sprungtuch aufgespannt wurde, befiel die meisten Kundinnen nicht Panik, sondern Schamgefühl. »Es kamen«, protokolliert der Kulturgeschichtler Hans Peter Duerr, »viele Frauen, die sich in den oberen Etagen aufhielten, ums Leben, da sie sich weigerten, in die Sprungtücher der Feuerwehrleute zu springen. Sie befürchteten nämlich, daß der Wind ihre Kimonos öffnen und alle Welt ihre Genitalien sehen könnte.«

Unterhosen wären hier also eine lebensrettende Maßnahme gewesen. Daß die Japanerinnen keine trugen, hatte allerdings ganz andere Gründe als bei Francesca von Thyssen. Sie konnten noch in den 30er Jahren in diesem Kleidungsstück anscheinend nichts Nützliches sehen, sondern betrachteten es wohl als reine Notwendigkeit bei westlicher kurzer oder enganliegender Kleidung. Entbehrlich also unter langen Kimonos. Doch die Seite, von der Protest kam nach der Katastrophe von Asakusa, verriet die eigentlichen Motive der Unterhosenlosigkeit: Eine gewisse Hamako Tsukamoto forderte öffentlich alle Frauen auf, von jetzt an nach westlichem Vorbild Schlüpfer zu tragen. Und Frau Hamako Tsukamato ist Feministin.

Die Unterhose ausgerechnet ein Beweis des Emanzipiertseins?

Aus ihrer Sicht hatte das tiefliegende Defizit etwas

Frauenentwürdigendes; möglicherweise, weil nur so der männliche Zugriff jederzeit und schnell möglich war. Selbstbedienung ohne Probleme.

Unvoreingenommen betrachtet ist die Unterhose ja einem befreiten und unkomplizierten Leben nur im Weg.

Noch in den 50er Jahren sollen Bäuerinnen im Allgäu, in Niederbayern und anderen unverdorbenen Regionen zum Pinkeln einfach nur die Beine gespreizt haben unterm langen Rock, gern über einem natürlichen Rinnsal, ein Bein auf dem rechten, eines auf dem linken Ufer.

Dieser Bericht meiner Mutter beeindruckte meine kleine Schwester so nachhaltig, daß sie im Alter von sieben Jahren noch immer die mühsame Hockstellung geknechteter Stadt-Weiber beim Freilandpinkeln verweigerte. Stolz wie ein Kerl, manchmal mit eingestützen, manchmal mit verschränkten Armen stand sie da, frei und kühn, und pinkelte. Allerdings legte sie fürs freistehende Wasserlassen vorher gewissenhaft alle Kleidungsstücke unterhalb des Bauchnabels ab, einschließlich Söckchen und Schuhe.

Und wer in der italienischen Diaspora in eine der historischen Damentoiletten gerät, wo nur ein Platz für die Füße, nicht aber für den Hintern vorgesehen ist, muß eingestehen, daß meine Schwester schon jung die Eignung zur Italienreisenden gezeigt hat. Solche Sanitäranlagen wären für sie schon damals kein Problem gewesen.

Daß ausgerechnet diese Schwester dann, unter anderem, Theologie studiert hat, gibt mir heute zu denken. Denn der Zusammenhang von Kirche und dem Null-

dessous hat zu einer der abenteuerlichsten Legenden-
bildungen des Abendlandes geführt. Die größten Gei-
ster hat diese Geschichte umgetrieben. Hans Sachs hat
sich ihr gewidmet und Achim von Arnim, Rudolph
Borchardt, sogar die amerikanische Feministin Sara
Maitland. Emmanuil Roidis hat sie zum Anlaß für einen
Roman genommen, den der Kollege Lawrence Durrell
später als »das reinste Soufflé von einem Roman« rühmte. Es geht um die Papissa Ioanna, die geheimnisumwit-
terte Päpstin Johann, die angeblich als Papst Johannes
VIII. ab 855 für zweieinhalb Jahre auf dem Päpstlichen
Stuhl saß. Und anscheinend wurde der Legende doch so
sehr geglaubt, daß ein Testverfahren entwickelt wurde,
um eine Wiederholung zu vermeiden. Es war in einer
italienischen Kathedrale, wo der Kustode mich aufklär-
te über einen eigentümlichen steinernen Thron, der auf
der Empore im Westwerk stand.

Dort habe der Bischof gesessen, wenn er seine Weihe
erhielt.

Mich erinnerte er an den Topfstuhl, auf dem ich als
Kind gesessen hatte, oder auch an ähnliche Mobil-
Toiletten, wie sie früher gebräuchlich waren. Nur der
Topf fehlte. Der Kustode aber klärte mich auf: Der
Geistliche habe sich so draufsetzen müssen, daß sein
Gewand über die Sitzgelegenheit fiel, dann sei ein
Prüfer unter den Stuhl gekrochen und habe mit kundi-
gem Griff nach oben das Geschlecht des Geistlichen
festgestellt.

Laut Emmanuil Roidis ist die Päpstin Johann während einer Prozession gestorben, kurz nach einer Teu-
felsaustreibung. »Die Blicke aller Gläubigen«, heißt es

dann, »hefteten sich auf das bleiche Antlitz des Pontifex, indem sie erwarteten, den unsauberen Geist seiner Gewohnheit gemäß aus dem Munde oder dem Ohr entweichen zu sehen, als plötzlich ein unreifer, halbtoter Fötus unter dem Gewand des Oberherrn der Christenheit hervorrollte.«

Hätte Johanna Unterwäsche getragen, wäre der Fötus wahrscheinlich nicht heraus- und der Mißgriff niemandem aufgefallen.

Auch das beweist, wie brandgefährlich es ist, auf Unterwäsche zu verzichten.

Herumgesprochen hat sich das aber offenbar noch nicht. Vivienne Westwood, die welterfahrene Stardesignerin aus England, scheint keine Ahnung davon zu haben. Als sie frisch geadelt von der Queen kam und sich den Fotografen stellte, wirbelte sie den weiten Rock und zeigte, was sie drunter trug: gar nichts.

Nicht einmal so ein neckisches Chache-Sex aus Hundefell, wie sie es mal auf einer ihrer Schauen vorgeführt hatte. Dabei ist ihr Sohn Joe Corré Wäschedesigner.

Nichts unten drunter zu tragen, ist eine philosophische Herausforderung. Denn mit so wenig läßt sich sehr viel sagen, auch noch sehr viel Verschiedenes.

Im Film wird es meistens makaber, wenn eine Frau unterm Rock nichts trägt als die Verantwortung für sich selber. Denn das ist eine Ankündigung dafür, daß in diesem Film Männer und Frauen ihren Gelüsten, oder wie das nun heißt: ihren Basic Instincts, freien Lauf lassen werden.

Daß Marilyn in der berüchtigten Szene über dem Luftschacht die Luft nicht direkt an sich ranließ, sondern ein, zugegebenermaßen ziemlich spießiges Miederhöschen drunter trug, muß also auch denen klar sein, die es im Film nie genau gesehen haben, denn ›Das verflixte 7. Jahr‹ geht bekanntlich gut aus. Marilyns Leben leider nicht.

Kenner der Monroe behaupten, die Situation über dem Luftschacht sei die einzige gewesen, in der sie jemals eine Unterhose getragen hätte, auch wenn sie selber damit kokettierte, ihre Dessous an heißen Tagen im Kühlschrank aufzufrischen. Daß Marilyn gern unten ohne ging, ist jedenfalls überdeutlich auf jedem der Fotos zu sehen, wo MM ihrem JFK nebst Bruder Bobby am Abend des Präsidentengeburtstags gegenübersteht, an jenem Abend, wo sie mit ihrem ›Happy Birthday‹ der Nation die Wahrheit über das Sexualleben ihres Präsidenten auch ohne Video und Sonderermittler offenbarte. Es zeichnet sich nämlich unter dem paillettenbesetzten Schlauch, in den sie eingenäht wurde, nichts ab. Absolut gar nichts. Nicht einmal der Rand eines Slips. Kurz danach hat sie Hand an sich gelegt.

Unten ohne wird ja gern stilisiert zum Allheilmittel gegen männliche Müdigkeit. Sogar zum Geheimrezept dafür, einen Mann den ganzen Abend über in Erregung zu halten, wenn man ihm, sobald es zum Umziehen oder Umkehren zu spät ist, mitteilt: »Du, ich habe vergessen, einen Slip anzuziehen.«

Aber Vorsicht: Scharf macht Männer nur, wenn die Tatsache, daß eine Frau keine Unterwäsche trägt, jeder sieht, ohne es sehen zu können.

So, wie es Marilyn praktiziert hat. Ein langes Kleid, so anliegend, daß sich sogar das Schamhaar ahnen läßt.

Und das dort, wo die Ränder des Slips zu sehen sein müßten, glatt und geschmeidig die Kurven nachzeichnet. Die braucht es natürlich.

Frauen, die nichts drunter haben, bewegen sich meistens etwas schüchterner, gehemmter als sonst. Aber es gibt sie natürlich, diese meistens jungen Frauen, die auffordernd, mit ausgestreckten gespreizten Beinen im Bus oder in der U-Bahn sitzen und zu ihren Jeans und der Lederjacke eine sehr schnippische Miene tragen. Den abweisenden Gesichtsausdruck kann jeder Mann nur als Affenzirkus abtun: Die will's doch wissen, denkt er sich. Aber kaum läßt er sie's wissen, ist die Abfuhr nur noch eindeutig. Nicht die Triebe treiben sie schließlich zu dieser Position, nur die nackte Not. Denn wenn Jeans wirklich eng sitzen, erlauben sie nun mal keine andere Sitzhaltung. Ob man sich den Slip jetzt spart oder nicht: Es sieht einfach aus wie unten ohne.

Das Nulldessous verbirgt nichts, aber es birgt eine Heimtücke. Erotisierend wirkt es nämlich nur dann auf diejenige, die das Nulldessous trägt, wenn es jemand anderer weiß oder sieht.

In einem seiner »japanisch-deutschen Dreizeiler« hat der Dichter Hans Wolffheim dargestellt, wie anstrengend also Nulldessous letztlich sind.

Slipless im Maxi,
Dich zu erleichtern wie mich,
Probst du den Kopfstand?

Zu Recht heißt dieser Dreizeiler ›Harter Flirt‹.
Und wer braucht den schon in harten Zeiten?

Was kluge Frauen von einem Pfläumchen lernen

Die Biennale ist mäßig besucht, weil der Tag zu verlockend ist. Aber in der Cordelleria gibt es einen Stau. Nicht an der Kasse, nicht am Eingang. Irgendwo mitten in der alten Seilerei klumpen sich die Leute zusammen auf dem Holzbrettersteg, der mittendurch führt, an den einzelnen Kabinetten vorbei. Kein Wunder, sagt jeder, der sich schließlich durchgedrängelt hat.

Da sitzt sie mit einem Kinderlächeln und sonst fast nichts. Auf ihrem weißgelben Engelshaar liegt ein Blütenkranz. Unschuldsweiß ist auch das Mieder und die Strümpfchen mit Rüschenrand. Da sitzt sie also auf ihrem Mann. Dem, der in sie gedrungen ist, mit ihr das zu machen, was er für die Kunst der Zukunft hält.

Jeff Koons und die ehemalige italienische Parlamentsabgeordnete La Cicciolina, zu deutsch das Pfläumchen, klugen Wählern schon vor den Parlamentswürden durch politisch einwandfreie Filme bekannt.

Jeff Koons und La Cicciolina, geschnitzt von Oberammergauer Herrgotts-Experten, zeigen nur, was auch Filme, Fotos und Gemälde zeigen: ein Paar, wo er nichts trägt und sie bräutliches Weiß.

In dieser engelhaften Berufskleidung war La Cicciolina zum zentralen Trauminhalt der männlichen italienischen Bevölkerung geworden. Und zum heimlichen Vorbild der weiblichen.

Längst werden Jeff-Koons-Meisterwerke heimlich verschrottet, aber das Rezept des Pfläumchens ist nach wie vor aktuell.

Fragt sich nur, warum Weiß funktioniert. Eigentlich müßte doch die »Woman in Red« entzünden. Denn schließlich sind wir alle Hobbypsychologen und wissen so ungefähr, was bei Max Lüscher steht: »Rot bewirkt Erregung und Aktivität, also Selbstvertrauen (Eigenkraftgefühl).« Klingt doch erst einmal so, als sei rote Unterwäsche für erotisierende Bemühungen äußerst geeignet. Und auch was Max Lüscher über die physiologische Wirkung von Rot verrät, klingt so zuverlässig wie eine Potenzpille der jüngeren Generation.

»Die Wirkung einer bestimmten Farbe auf das vegetative Nervensystem ist bei allen Menschen dieselbe. Auf alle wirkt Rot in einer bestimmten Weise und Blau in einer anderen bestimmten Weise. Wenn du die Farbe einige Zeit betrachtest, werden deine Atmung und dein Puls schneller, dein Blutdruck steigt an. Bei der anderen Farbe werden diese vegetativen Körperreaktionen gedämpft.«

Als ich das gelesen hatte, war die juvenile Ersterfahrung mit der Farbe Rot auf der Haut vergessen und rote Unterwäsche fällig. Mir war klar, daß man der roten Unterwäsche ansehen muß, wieviel sie gekostet hat und daß sie in gedimmtem Halogenlicht, nicht in Rotlicht verkauft worden ist.

Vor allem hatten mich als typische Münchner Italophile bestimmte Italienaufenthalte ermuntert. Kurz vor Weihnachten, bevor es in den katholischen Haushalten, also fast überall, feierlich wird, dekorieren dort nämlich die Geschäfte um. Und zwar auch die Wäschegeschäfte von Rom bis Rimini, von Mailand bis Messina und sogar die in den Provinzkäffern. Statt weißer, schwarzer oder pfirsichfarbener Dessous sind auf einmal solche in leuchtendem Rot zu sehen, der Farbe weihnachtlicher Festlichkeit. Das beweist, daß Italiens als Machos verschriene Männer offenbar Spaß daran haben, an Weihnachten nicht nur einen Autostaubsauger und eine neue Krawatte auszupacken. Und daß sich hier, im Gegensatz zu Deutschland, Weihnachten und erotische Annäherungsversuche nicht ausschließen. Sympathisch, für deutsche Begriffe allerdings exotisch, ist es, daß auch Männer an Weihnachten und Sylvester eine rote Unterhose tragen, oft sogar eine, die die Mama ihnen geschenkt hat. Denn rote Dessous gelten als Glücksbringer. Unvorstellbar für jeden Deutschen, der Unterwäsche soviel magische Bedeutung zuzugestehen. Wo man die doch an Festtagen gar nicht sieht.

Aber hierzulande ist alles anders, nicht nur zur Weihnachtszeit.

Und so führte meine rote Unterwäsche nicht zum Erfolg, eher zu einem gewissen Erschrecken.

Reuig habe ich danach bei Herrn Lüscher nochmal genauer nachgelesen. Dort heißt es nämlich auch, Rot sei »die Symbolfarbe eines Menschen, der seine Kraft und Fähigkeit anzuwenden weiß. Rot ist die Farbe der Stärke und des Selbstvertrauens«.

Das ist doch eine eindeutige Warnung. Rote Unterwäsche an Frauen kann so gesehen empfindsame Männer an den Rand der Impotenz treiben. Sie ist viel zu direkt. Und alles Direkte widerspricht den Gesetzen der Erotik.

»Erotik«, hat der Künstler Tomi Ungerer gesagt, »ist ein Hinweis. Pornographie ist Eiweiß.«

Geübte Billardspieler wissen, wie man von der Bande anspielt. Geübte Frauen wissen das auch. Deswegen käme ich nach gebührender Übung nicht mehr auf die Idee, rote Unterwäsche zu tragen. Das ist, als sagte die Frau zu dem Mann, dem sie Gelegenheit gibt, sie in Unterwäsche zu sehen: »Komm her Kleiner, ich zieh' dich durch.«

Die Tragik ist nur: Männer, die doch gerne Stärke und Selbstvertrauen vermitteln wollen, haben gar keine Chance, rote Slips zu tragen.

Es gibt sie nicht. Zumindest nicht mit Eingriff von rechts.

Als ich es, durch La Cicciolina geschult, mit Weiß versucht habe, war der Erfolg groß. Die Franzosen behaupten ja, jede Frau wolle die letzte im Leben eines Mannes sein und jeder Mann wolle der erste im Leben einer Frau sein.

Leider ist das nur einmal möglich und heute im allgemeinen nur sehr früh.

Aber mit weißen Dessous läßt sich die Unschuld rekonstruieren. Natürlich wirken sie, verstärkt durch einen Blütenkranz wie bei Cicciolina, noch intensiver, aber erst, wenn der jeweilige Mann seinen Heiterkeitsausbruch überwunden hat. Und leider macht Gelächter bei oder vor der Liebe viele Frauen frigide.

Besonders ausgebufft sind Frauen, die statt zu weißer Rüsche zu weißem Baumwoll-Feinripp greifen, so wie sie es wirklich als kleine Mädchen getragen haben. Aber das wirkt eben nur, wenn darin ein mädchenhaftes

Körperchen steckt. Und auch der Trick von Kate Moss, die ihr magersüchtiges Gestell mit nichts als einer weißen Männerunterhose präsentierte, hat seine Tücken.

Ich habe ein einziges Mal eine Männerunterhose, so eine richtige Männerunterhose, angezogen. Und habe da ein so ungemütliches Gefühl gehabt, daß ich es nie wiederholen würde. Freudianer werden behaupten, das sei der aktuell durchlebte Penisneid. Ohnehin ist Unterwäsche ein Thema, an dem sich Psychologen und Moralisten erhitzen können.

Moralisten sollte ein Mann nicht eingestehen, daß er für weiße Dessous mit dem Charme eines Kommunionkleidchens schwärmt. Denn die wittern dahinter sofort verkappte Päderastie.

Vielleicht sollten sie mal La Cicciolina kennenlernen.

Warum Strumpfbänder wichtiger sein können als die Augenfarbe

Mein angeheirateter Geliebter und ich sitzen auf einer der schönsten Terrassen der Welt. In Virginia, Gemeinde Charlottesville. Das Haus, eine postpalladianische Prachtvilla, gehört besonders lieben Freunden, der Blick in den endlos weiten Grund ist besonders schön, das Abendlicht besonders romantisch. Da fragt die besonders liebe Freundin, offenbar infiziert von der Romantik reihum jeden der anwesenden Männer: »Was ist dir denn als erstes an ihr aufgefallen?«

Und weil die anderen offenbar auch infiziert sind, wird es schlagartig sehr poetisch. Selbst Paare, aus deren Gästezimmer noch eine halbe Stunde vorher der markige Rap partnerschaftlicher Auseinandersetzung zu hören war, erzählen nun in schmelzendem Ton von der ersten Begegnung.

Der eine ergeht sich in bewegenden Worten über ihren Gang, der nächste über ihr Haar, der dritte über ihr Lächeln.

Nur einer ist so dumm, zu sagen: »Die Augen.«

Denn die besonders liebe Freundin ist auch besonders schlau und fragt: »Wie würdest du sie denn beschreiben?«

Und in die Abenddämmerung hinein fängt er an, von dem Blau ihrer Augen zu schwärmen, bis die Dame seines Herzens, mit der er zwölf Jahre verheiratet ist, ihn unterbricht. »Sie sind braun«, sagt sie.

Dann ist mein angeheirateter Geliebter an der Reihe. Und von einem Psychoanalytiker wird natürlich etwas besonders fein Beobachtetes erwartet.

»In was«, verschärft also die besonders liebe Freundin die Frage, »hast du dich bei ihr zuerst verliebt?«

Mein sogenannter Gatte zögert nicht.

»In ihre Strapse«, sagt er.

Nach mehrstündigem Beleidigtsein kehrt mein Verstand zurück.

»Sag mir jetzt bitte mal, wie du meine Strapse hast sehen können, wo ich damals ein Kleid angehabt habe, das bis übers Knie ging.«

»Weil das Kleid einen Schlitz gehabt hat und du auf dem Boden gesessen bist und ich mich dann auch auf den Boden gesetzt habe.«

Das ist zwar eine grobe Beleidigung für meine Augen, die er als magisch hätte bezeichnen können, meine Lippen, die er hätte verführerisch nennen können, für meinen Witz (sprühend) oder mein Lächeln (unwiderstehlich), hat aber einige Vorteile, die sich mir im Lauf der Jahre mehr und mehr offenbaren: die Erhaltung dieses Reizes ist altersunabhängig. Man braucht nur einen guten Wäscheladen, etwas Geld und noch etwas mehr Leichtsinn, um für Kunstfaser oder Seide den doppelten Grammpreis von Schah-Kaviar zu zahlen.

Diese Neigung kann einen allerdings auch in peinliche Situationen bringen.

Wenn meine wunderbare Mutter wüßte, was mein Mann regelmäßig alleine so treibt, das Herz im Leib tät' ihr zerspringen.

Heimlich und alleine betritt er ein Etablissement mit

sanfter Beleuchtung und blondierten Damen. Er bekommt von ihnen ein Glas Prosecco eingeschenkt, und dann darf er seinen Trieben folgen. Bereitwillig spielen die Damen mit. Stück um Stück breiten sie aus, wonach er sucht. Tangahöschen und Bustiers, Strumpfbänder und Mieder, fragile Büstenhalter, seidene Hemdchen und Spitzenbodys. Daß sie so willfährig sind, hat natürlich seinen Grund: sie werden dafür bezahlt.

Er läßt ein paar hundert Mark da. Und ich bekomme ein neues Dessous.

Wüßte meine wunderbare Mutter, was mein Mann einmal im Monat so treibt, würde sie nicht der Gedanke erschrecken, ich sei an einen Fetischisten geraten.

Sie wäre schlicht entsetzt, wie man für Unterwäsche so viel Geld ausgeben kann. Vielleicht könnte es sie trösten, daß mir diese Ausgaben viel Geld sparen. Geld für Prozac oder andere Aufmunterungspillen, Geld für kosmetische Behandlungen und Geld für Selbstbewußtseinskurse. Denn erlesene Unterwäsche beseitigt die Selbstzweifel, mit denen sich die schönsten Frauen dieser Welt im Gegensatz zu sehr viel weniger schönen Männern herumschlagen.

Seit Jahren sammle ich diese gnadenlosen Selbstbezichtigungen, die in schlechten Stunden tröstlicher sind als alles andere. Noch halbwegs harmlos klingt es bei Catherine Deneuve, die sagt: »Ich neige sehr stark zur Rundlichkeit.« Deutlicher wird da die Gazelle Jamie Lee Curtis.

»Ich schlage mich«, erklärte sie, »gewaltig mit Cellulite herum.«

Und Isabella Rossellini korrigiert den Eindruck, den

48

ihr vollkommenes Gesicht macht, durch den Kommentar: »Meine Beine sind zu kurz, zu dick und haben plumpe Knöchel.« Und drastisch wird Kathleen Turner: »Wenn ich nichts dagegen unternehme, habe ich sofort einen Hintern wie eine Preiskuh.«

Und Madonna, die mit Marilyn Monroe außer dem Ruhm auch die kurzen Beine teilt, weiß, wie man die vergessen macht. »Die beste Art, jemanden zu verführen, ist, sich ihm zu entziehen.« Und sie gibt praktische Tips, wie das geht: »Zeig dich desinteressiert. Allerdings nicht zu sehr, sonst denken sie, sie seien auf dem Holzweg. Aber es ist immer gut, so zu tun, als sei man schwer zu kriegen.« Letzteres wohlgemerkt auch ein Argument gegen rote Unterwäsche, denn die signalisiert das Gegenteil.

Aber Madonna verrät auch das Erfolgsrezept: »Alle fahren auf Strapse ab. Du ziehst also ein Kleid an und Strümpfe und Strapse. Du läßt ihn nicht an dich ran, aber zu irgendeinem Zeitpunkt zeigst du, daß du Strapse trägst.«

Das kann allerdings auch schiefgehen.

Ich war als Journalistin in einem Verlag beschäftigt, wo offene Türen kultiviert wurden als Zeichen der mentalen Zugänglichkeit; jeder konnte durch die Flure flanierend anderen bei der Arbeit zusehen. Oder auch beim Gegenteil.

Als ich mich um die Stelle dort beworben hatte, hatte ich mich verkleidet. Ich trug eine Bluse, obwohl ich Blusen hasse, flache Treter und weite Hosen.

Kaum hatte ich den Job, legte ich diese Camouflage wieder ab und trug wie ehedem hohe Hacken, Strapse, Strümpfe und am liebsten Röcke oder Kleider.

Und der Anblick, der meinen Mann einmal entzünden sollte, muß irgendwann einmal unfreiwillig einem Herrn in Führungsposition zuteil geworden sein.

Nein, das führte nicht dazu, daß ich meine Karate-Kenntnisse hätte auffrischen müssen. Es war ganz gefahrlos, weil dieser Herr an meinem Geschlecht als solchem nicht interessiert ist. Durchaus aber daran, es zu verletzen. Wobei aber gesagt werden muß: Seinen Sadismus behielt er nicht den Frauen vor, davon durften auch männliche Kollegen profitieren.

Die Konferenz war fast zu Ende, und es ging wegen einer aktuellen Geschichte kurz um Menschen, die sich selbst unnötig quälen und schinden.

»Manche«, sagte der Herr aus der Chefetage, »machen es ja auch so wie Frau Dr. Baur und tragen diese Geschirre.«

»Wenn Sie es brauchen, leih' ich's Ihnen fürs Wochenende aus«, habe ich gesagt.

Von dieser Sekunde an war mir wohl in diesem Haus. Denn die Verhältnisse waren geklärt. Und wenn der Mann in seiner Chefetage in den Lift einsteigen wollte, in dem ich bereits stand, blieb er draußen.

So gesehen sind Strapse eine gute Betriebs-Klimaanlage, die Luft wird dadurch rein.

Was Strapse für sogenannte Business-Frauen mühsam macht, sind die Knöpfe zum Befestigen der Strümpfe. Denn Business-Frauen sind solche, die sich wie Männer anziehen, damit die sie überhaupt ins Business reinlassen, also Hosen tragen. Unter weiten Hosen fühlen sich Strapse so fremd, daß sich dieses Gefühl auf die Trägerin überträgt, die nun gar nicht mehr weiß, was sie ist.

Unter engen Hosen und schmalen Röcken aber drücken sich die Knöpfe, an denen die Strümpfe befestigt werden, durch.

So greift die Business-Frau, die über dem Business das mit der Frau nicht ganz vergessen will, zu einer angemessenen, also praktischen Lösung.

Diese Lösung steht im Regal unter »Halterlose Strümpfe«.

Die ersten, die ich gekauft habe, wählte die Verkäuferin nach einem kundigen Blick auf meine Beinlänge aus. Der Länge entsprachen sie auch, nicht aber dem Umfang. Ich gehe also mit meinem angetrauten Geliebten in Richtung Kino, da gerät der rechte Strumpf ins Rutschen. Von ihm gedeckt, ziehe ich ihn in einer Toreinfahrt wieder nach oben. An der nächsten Toreinfahrt ist der linke fällig und bei der übernächsten die Entscheidung, eine kleinere Größe zu erwerben. Nun endete der Strumpf aber kurz überm Knie, wo der Beinumfang wieder nicht ausreicht, und damit endete alles bei dem Vorwurf meines Gatten, ich sei exhibitionistisch veranlagt. Ein Vorwurf, den, wie ich mittlerweile weiß, alle Gattinnen kennen, auch wenn sie niemals wie ihre Ehemänner halbnackt Textilien zum Auslüften auf den Balkon hängen oder ganz nackt die Zeitung reinholen.

Halterlose Strümpfe sind wahrscheinlich eine Erfindung von Business-Männern, die Frauen draußen haben wollen. Und mit halterlosen Strümpfen gelingt das, denn die treiben die meisten Frauen in eine tiefe Krise. Haben sie eine Figur, an der die Halterlosen halten, quillt nämlich der ansonsten wohlgeformte Rest-

schenkel wie eine Wurst über den innen gummierten Rand und die Trägerin zweifelt an ihrer Figur und damit an sich selber.

Nur bei knabenhaft schmalen bis magersüchtigen Frauen sieht er gut aus.

Aber dort hält er bekanntlich nicht. So treibt man Frauen an den Rand des Nervenzusammenbruchs.

Dabei ist es doch normalerweise genau dieses kostbare Stück Fleisch, oder sagen wir weniger kannibalisch: Stück Haut, das Männer betört – das Stück zwischen Strumpfrand und weiter oben.

»Überall ist Wunderland, überall ist Leben. Bei meiner Tante am Strumpfenrand wie irgendwo daneben«, heißt es bei Ringelnatz.

Mein angeheirateter Geliebter hat dazu eine eigene Theorie: das sei das zarteste, feinste, seidigste Stück Haut überhaupt. Und es werde in seiner Kostbarkeit betont, weil es hier wie in einem Ausschnitt erscheine, gerahmt vom Passepartout aus Strumpf- und Schlüpferrand.

Trotzdem gesteht er, daß seine erste Begegnung mit diesem Anblick eher monströs war.

Eine Tante, bis in die Gebeine katholisch, war daran schuld. Ungeniert schob sie vor den Augen des Siebenjährigen den Rock hoch, um den verrutschten Strumpf zurechtzuziehen über ihren weißen wuchtigen Schenkeln.

»Der Bua kriegt eh nix mit«, hat das für ihn geheißen, dessen schöne Mama sich äußerst keusch benahm. »Der denkt si dabei nix.«

Und das ist für einen, der schon so viel weiß, daß es der keuschen Mutter die Schamesröte ins Gesicht trei-

ben würde, eine besondere Beleidigung gewesen.

Strapse sollen offenbar ein Geheimnis bleiben. Ein höchst privates Wunderland.

Deswegen sagt mein angeheirateter Geliebter bei entsprechenden Geschenken dazu: »Das ist nur fürs Bett.«

Warum den Männern endlich in die Unterhosen geholfen werden sollte

Ich dachte zuerst, es käme daher, daß ich am Montagabend zuviel getrunken hatte. Denn was ich da am Dienstag las, in einer seriösen dpa-Meldung, schien mir schlicht ein Wahngebilde zu sein.

Ich hatte am Montagabend zuviel getrunken. Aber was ich sah, war kein Wahngebilde. Es waren nackte Tatsachen. Um genau zu sein: das, was die Tatsachen am Nacktsein hinderte, war das eigentlich Erschreckende.

Erkundet hatte sie ein Marktforschungsinstitut im Auftrag der Zeitung ›Textilwirtschaft‹. »Deutsche Männer«, las ich da, »gönnen sich im Durchschnitt drei neue Unterhosen pro Jahr und bezahlen dafür insgesamt 23 Mark.«

Und da wundern sich die Männer, warum manche Frauen noch immer auf Typen beim Militär stehen. Das sind vermutlich gut informierte Frauen, die wissen, daß im Spind eines Bundeswehrsoldaten immerhin acht Unterhosen und -hemden bereitliegen.

Noch entmutigender wurde es beim Weiterlesen.

»Rechnerisch«, stand dort über die deutschen Männer zu lesen, »kaufen sie fast 70 Prozent der Unterhosen jedoch nicht selbst, sondern überlassen das ihren Ehefrauen, Müttern oder Freundinnen.« Offenbar handeln die aber nach strikter Order und nicht nach eigenem Gutdünken, denn ein Drittel der weiblichen Befragten verkündete, es fände erotische Unterwäsche an Männern wünschenswert und 40 % beschwerten sich, Männer würden viel zu wenig auf attraktive Unterwäsche achten. Wobei sie, was die Attraktion angeht, recht bescheiden sind: ein Drittel der Frauen findet wie ein Drittel der Männer den weißen Baumwoll-Doppelripp schön, bei den Wählern der CDU/CSU sogar die Hälfte. Sieht also so aus, als könnte ein Mann, wenn er sich eine christsoziale Frau zulegt, die über 30 ist (zwischen 20 und 29 sind selbst die so dreist, den weißen Doppelripp auf den letzten Platz zu verweisen), gar nicht viel falsch machen.

Fragt sich also: Warum haben die Männer so viel Angst vor der Unterhose?

A., der bereits erwähnte Liebhaber, sah aus wie Gulbransson. Stark, groß, massig, ganzjährig rotbraun gebrannt und am liebsten halbnackt im Garten grabend.

Er sah nicht aus wie ein Gelehrter, der er war, eher wie das, was sich Naturbursche nennt. Ein mehlwurmblasser seniler Kollege an der Uni nannte ihn Preisboxer. Aber gerade solche Leute erwischt es. A. kam überraschend ins Krankenhaus.

Sehr überraschend und sehr dringend. Ich bringe also die Notwendigkeiten nach. Wie sich das für Naturburschen gehört, besaß er zwar einen antiken Rasierer mit lebensgefährlich scharfer Klinge, eine brikettgroße schlammgrüne Olivenölseife sowie Handtücher, die auch als Schmirgelpapier tauglich waren, aber keinen Schlafanzug. Er wolle auch keinen, sagte er mir, ich solle doch bitte in dem Laden in der Schellingstraße, neben dem Metzger, für ihn sechs schöne neue Unterhosen kaufen.

Über dem Laden steht »Ursula's Men Shop«, und in dem Laden steht Ursula.

Reflexartig schüttelt Ursula, als sich die Tür öffnet, die schulterlangen Haare, breit gestreift in dunkelbraun und platinblond, zurück und gurrt mit der Stimme einer Berliner Diseuse männlichen Geschlechts: »Tachchen.«

Erst dann erkennt sie durch die dunkel getönte Brille, daß sich hier ein weibliches Wesen in ihren Venusberg verirrt hat.

»Hier werden eigentlich Herren bedient«, gurrt sie unvermindert verrucht.

Ich eröffne ihr mit plötzlich sehr piepsiger Stimme, was ich will: sechs Unterhosen für einen Mann, eher groß.

» Welche Größe?« fragt die Diseuse.

Ich habe keine Ahnung, nur irgendwas mit sieben oder acht in Erinnerung.

»Sieben?« meint Ursula mitleidig. »Und Sie sagen groß?«

Meine Verunsicherung wächst.

»Wie ist er denn gebaut?« fragt sie mit tröstender Stimme.

»1,95 groß, ungefähr 95 Kilo.«

Ursula atmet tief ein. »Und?« fragt sie sonor.

»Wozu müssen Sie das wissen?«

»Damit der Slip paßt, muß ich wissen, wie er unten-rum gebaut ist.«

Und weil ich stutze, hilft sie nach.

»Der... der... das Gesäß?«

»Normal.«

Ursula seufzt über meine uninspirierte Auskunft.

»Und vorne rum?«

»Auch normal«, sage ich mit bemüht fester Stimme und wundere mich, daß ich nicht rot werde.

»Kräftig, wunderbar. Da nehmen Sie am besten die hier. Und wenn es nicht passen sollte, soll er doch persönlich vorbeischauen.«

Ursula macht drei Schritte zurück, schiebt im dunklen Grund des schmalen Ladens einen Standspiegel zur Seite und öffnet mit verheißungsvollem Lächeln eine dunkelbraune Gardine.

»Er kann hier nämlich auch anprobieren.«

Seither weiß ich, warum Männer Schwierigkeiten haben, Unterhosen einzukaufen. Warum erfindet nicht endlich mal jemand Körbchengrößen für Herren? Das, was es für den Kauf von Männerunterwäsche an Verabredungsformen gibt, ist absolut enterotisierend.

Der Begriff »seitlicher Eingriff rechts« ist geeignet, Gedanken an einen Mann im Pissoir zu wecken, nicht aber an zärtliche Stunden. Und auch die Namen von zwei der beliebtesten Unterhosenmodelle wirken nicht gerade aufreizend: »Karl-Heinz« ist auch im deutschen Osten ein Renner und überhaupt bei Männern ab 49, »Walter« trägt jeder vierte Mann, wobei durchsickerte, daß es sich dabei um ein Dessous handelt, das Männern besser gefällt als Frauen. Erst neuerdings hat es auch das Modell »Boris« geschafft, unter die Top Ten zu kommen.

Besagte dpa-Meldung teilte mit, was Männern an ihrer Intimwäsche am wichtigsten ist: »bequemer Sitz« (84 %) und »nicht drückender Gummizug« (58 %), bei Herren ab 59 auch der »seitliche Eingriff«. Würden Frauen solche Wunschlisten aufstellen, hieße es sofort: »Die Weiber wollen eigentlich nur Liebestöter.«

Aber geben wir es ruhig zu: Wenn Männer zur Reizwäsche greifen und zwar zur eigenen, geht das meistens in die knappen Hosen.

Daß ich das nicht aus eigener Erfahrung berichten kann, erleichtert mich.

Aber aus fremder Erfahrung weiß ich es.

Der Abend war offiziell beruflicher Art, aber meine Bekannte verhinderte allzu professionelle Strenge, indem sie in immer kürzerer Frequenz die Beinchen übereinanderschlug, wobei das Röckchen immer weiter nach oben stieg und ihr Wimpernschlag ebenfalls an Frequenz zulegte. Der betuchte und beleibte Herr ihr gegenüber vergaß allmählich, daß der Abend offiziell beruflicher Art war.

Und daß die beiden dann aus dem Lokal miteinander weggegangen sind, war eigentlich sehr erfreulich. Denn sie war 50, unfreiwillig alleinstehend und trotzdem überzeugt, ein Vamp zu sein. Nur braucht die stärkste Frau, um diesem Glauben treu zu bleiben, ab und zu Beweise. Er kam aus der niederbayrischen Provinz, war unfreiwillig verheirateter Vater und trotzdem überzeugt, ein Verführer zu sein. Nur braucht der stärkste Mann, um diesem Glauben treu zu bleiben, ab und zu Beweise.

Aber ein Erfolg zählt nur, wenn andere davon erfahren. Und eine Frau wie diese mit den wirbelnden Beinchen, ist Profi in diesen Belangen. Sie ruft am nächsten Tag Frauen an, die sie für Multiplikatoren hält, wie sich Geschwätzigkeit neuerdings nennt. Also auch mich.

Was ihr den Appetit auf den ansonsten durchaus interessanten und lukrativen Herrn vermasselt hat, ist ein Stückchen Stoff.

Sie räkelte sich bereits auf dem Lager, er zog sich ins

Bad zurück, was für ihn sprach. Duschte ausgiebig, was ebenfalls für ihn sprach. Und trat dann ans Liebeslager. Unter seinem wohlgenährten Bauch sah die Dame auf dem Bett verblüfft einen Trauerflor aus halbtransparentem schwarzem Acryl. Da habe sie gemerkt, daß ihr dieser Mann einfach doch zu provinziell war.

Sie hätte, sagen mitfühlende Frauen, ihn ja erstmal ausziehen und dann den Guten umerziehen können.

Aber in Fragen der Unterwäsche ist die Didaktik noch ziemlich rückständig.

Sogar Leute, die daran verdienen würden, geben sich da wenig Mühe.

1998 hat ein großer Wäscheproduzent in einer Männerzeitschrift auf bedrohlichem schwarzem Grund gewarnt: »Es gibt Momente, in denen man besonders bereut, an der Wäsche gespart zu haben.«

Da wurde nicht nur das »es« gespart, sondern auch jedes Einfühlungsvermögen.

Sogar die sichere Erwartung, sich in Unterwäsche zeigen zu müssen, bringt niemanden, der das nicht gewohnt ist, dazu, mitten unter der Woche die Wäsche zu wechseln. Ärzte bestätigen das mit gerümpfter Nase.

»Zum Endspurt noch ein Unterwäschewechsel«, forderte die ›Süddeutsche Zeitung‹ am 27. August 1998 in einer Überschrift. Dahinter stand aber kein Wäscheproduzent, dahinter standen die Freien Wähler. Sie hatten sich bemüht, in den Landtag zu kommen mit Plakaten wie dem, das eine weiße Feinripp-Unterhose zeigt und drunter den Spruch: »Wechseln lohnt sich«.

Kein Wunder: Die Freien Wähler haben es nicht geschafft.

Was der Umgang mit Geschenkpapier übers Ausziehen verrät

Meine Freundin V. fand das Ganze saukomisch.

Das spricht für meine Freundin V., nicht für das Ganze.

Sie hatte eine Unterhaltung ihres Sohnes mit gleichaltrigen, also ungefähr siebenjährigen Schulfreunden belauscht. Zuerst unfreiwillig, dann freiwillig.

Das Thema: die Unterwäsche ihrer Mütter.

V.'s Sohn führte mit rüttelnden, schüttelnden Bewegungen vor, wie seine Mutter allabendlich den Slip von den weiblichen Hüften hinabbefördert. Und gab dazu den Kommentar ab, wenn es besonders klemme, wisse er: Jetzt fängt sie bald wieder mit einer Diät an.

Wenn eine Frau sich selber auszieht, geht das meistens vor sich, als würde sie einen eingeschweißten Supermarkt-Gouda aus der aufgeschnittenen Plastikfolie befreien. Im Gesicht trägt sie jenen Ausdruck routinierter Geringschätzung: »Ich weiß ja, daß das nichts besonders Großartiges ist, aber so ist das Hausfrauenleben.«

Wenn sie jedoch ausgezogen wird, dann stellt sie schon bestimmte Ansprüche. Leider weiß sie nie so genau, welche. Ich weiß es bis heute nicht.

Einer meiner früheren Liebhaber hatte zwar Lust, aber weder bei mir (liiert) noch bei sich (verheiratet) Gelegenheit, sie auszuleben.

Die beste schien ihm noch sein Auto. Das war zwar für ein Auto großräumig, für ein Schlafzimmer allerdings nicht.

Die Leuchte, die in Taxis sinnvoll ist, wo Fahrgäste auf dem Rücksitz ihr Geld herraussuchen, blendete uns hier nur ins Gesicht wie in schlechten Filmen dem Verbrecher beim Verhör. Sie auszustellen bei laufender Standheizung hätte eine Gesamtlektüre des Bedienungsbuches verlangt, so daß der Lampe irgendwann das indiskrete Auge einfach eingeschlagen wurde. Vor allem aber forderte das Auto nicht nur eine gymnastische Beweglichkeit, es verbot auch bestimmte Dessous. Und wer sich im Dunkeln aus einem Spitzenbody schält, fragt sich, ob das die dreihundertfünfzig Mark wert ist, die so ein Teil kostet.

Feine Dessous wollen beachtet werden. Und die Gelegenheit dazu haben sie selten.

P. war eine Long-Distance-Liebe. Er hatte zwar auch viel Lust, aber wenig Zeit. Die Frage der mangelnden Gelegenheit durch seine beruflich bedingte Rastlosigkeit klärte er souverän, weil es ihm an Geld für die angenehmsten Hotelzimmmer nicht mangelte. Das Geld verdankte er seiner Devise: Erst die Arbeit, dann das Spiel.

Es freute mich, daß ich unter »Spiel« lief, aber die Arbeit hatte mir gegenüber einen beneidenswerten Vorteil. Sie sah ihn, zumindest anfangs, unverbraucht.

Termin- und wunschgemäß an seinen jeweiligen Aufenthaltsort einfliegend, wußte ich, daß ich, sobald er das Hotelzimmer betrat, ungefähr 20 Minuten hatte, bevor er in Tiefschlaf verfiel. Seine reinseidenen Boxershorts glitten bereitwillig zu Boden, meine von ihm geschätzten Dessous hatten jedoch Haken und Ösen. Und weil P. ein Kavalier war, deutete er an, er sei bereit und auch begierig, sie zu öffnen. Nach dem Öffnen von zwei symbolischen Haken überließ er dann aber mir das Feld.

Aus Zeitnot behielt ich dann alles, was nicht schnell zu lösen und seiner Begierde nicht im Weg war, am Leib.

Und so bleiben mir die Nächte mit ihm in Erinnerung als die, in denen ich kaum schlief. Denn in Unterwäsche kann ich als eine Nacktschläferin keine Ruhe finden. Ich fühle mich, als wäre ich krank oder betrunken. Also ohnmächtig und schmuddelig eingeschlafen.

Natürlich hat jede Frau die Vision von einem Liebhaber im Kopf, der wild über sie herfällt und ihr im Rausch der Lust alles vom Leib reißt.

Mit siebzehn, als die Hosen aus Denim und die Wäscheteile von der Mama bezahlt, also ebenso reißfest waren, fand ich das großartig. So wunderbar animalisch. Es schien mir meine eigene Unwiderstehlichkeit zu bestätigen, daß sich ein Mann auf mich stürzte wie ein ausgehungerter Löwe auf eine leckere Antilope.

Relativ bald stellte ich allerdings fest, daß bei dieser Art des Entkleidens nicht nur die Beachtung der Wäsche zu kurz kommt, was in dem Fall nicht schade war, sondern auch die Frau, die sie trägt. Denn dieser Mann findet sich selber auch wunderbar animalisch und hält jeden Aufenthalt auf der Zielgeraden für zivilisatorischen Humbug.

Nachdem meine Unterwäsche bald darauf teurer und feiner wurde, so teuer und fein es meine Verhältnisse eben zuließen, glaubte ich, allein schon das sei ein

Hinweis für jeden Mann, daß ich wie ein Geschenk aus-
gepackt und nicht wie ein Buch aus der Plastikfolie
gerissen werden wollte.

Ich richtete mein Augenmerk vermehrt auf den Typ
Mann, der als feingeistig gilt. Angeblich erkennt man
das an den Händen.

H. hatte sehr lange feingliedrige, die er immer deko-
rativ auf den Tisch oder sonstwohin legte. In Aktion sah
ich sie nur, wenn sie feinfühlig den Klaviertasten ein
Pianissimo entlockten oder zierlich den Stiel eines
Bordeaux-Glases hielten. Mit vulgären nützlichen Be-
tätigungen gibt sich so jemand natürlich nicht ab. Er las
damals Prousts ›Auf der Suche nach der verlorenen
Zeit‹ bereits zum zweiten Mal, und das hätte mir zu denken geben sollen.

Er suchte also nun an mir. Zuerst nach dem BH-
Verschluß.

Ich wurde nervös und wagte es nicht zu sagen. Denn
so ein sensibles Potenzgebilde darf eine zartfühlende
Frau nicht zusammenfallen lassen.

Schließlich griff ich selber zu, wobei ich aus unerfindlichen Gründen die Augen zukniff. Dann ging die Suche
weiter. Er suchte nach dem G-Punkt, währenddessen
nach poetischen Metaphern für die Beschaffenheit meiner Haut, dann nach angemessenen Formulierungen für
seine Ekstase. Und prinzipiell war er auf der Suche
nach dem Sinn des Lebens. Gefunden hat er meines
Wissens bis heute nichts davon.

Mir wurde klar, daß ich meine frühdiagnostischen
Fähigkeiten schulen mußte.

Und da machte ich eine grandiose Entdeckung.

Jeder Arzt weiß, daß eine gute Diagnose auf Analogieschlüssen beruht. Ich nun stieß auf eine ebenso naheliegende wie großartige Analogie: Wie ein Mann Geschenke auspackt, packt er Frauen aus.

G. knüpfte das Band geschickt auf, wickelte es über zwei Finger und band es zum Bündel, zog achtsam, als wär's ein Pflaster über klaffender Wunde, den Tesafilm ab, enthüllte das Geschenk und faltete das Papier, nachdem er es gründlich glattgestrichen hatte, ganz exakt zusammen. Er ist sicher ein guter Zahnarzt geworden und seine Frau kann sich bestimmt nicht beklagen, er sei grob.

A. schnitt das Band auf, allerdings mit einem handgeschmiedeten französischen Luxusmesser mit Griff aus echtem Horn und an einer strategisch klugen Stelle neben dem Knoten. Das Papier wurde zwar nicht geschont, aber auch nicht gierig herabgezerrt. Wer heute an der Uni Karriere machen will, darf auch nicht zimperlicher sein. Ein sexuell durchaus erfreulicher Auspacktyp, dem allerdings das Schicksal meiner Dessous weitgehend gleichgültig war.

Bei H. bewahrte mich der Päckchen-Test vor einer Verirrung. Wir saßen in einem romantischen Restaurant, hatten sehr romantisch zuerst Champagner und dann Saint Amour getrunken, dann hatte ich ihm sein ebenfalls sehr romantisches Geburtstagsgeschenk überreicht.

H. nahm das gnadenlos scharfe Messer, mit dem er soeben sein Hirschsteak geschnitten hatte, säbelte die drei Zentimeter breite elfenbeinfarbene Satinschleife und somit die ersten zarten Bande durch, die wir gerade geknüpft hatten. Daß er sein Steak blutig bestellt und das Messer vor der Zweitverwendung nicht abgewischt hatte, kam sicher erschwerend hinzu.

Auch bei M. überzeugte mich der Test, daß baldiger Rückzug angesagt sei. Er griff nach seinem Brieföffner und skalpierte das Päckchen, indem er die gesamte Oberschicht samt Band abtrug.

Schließlich kam mein damals noch nicht angeheirateter Geliebter an die Reihe.

Es war zugegebenermaßen fahrlässig, aber ich ließ ihn an die Originalverpackung, bevor ich ihn mit einer Probepackung getestet hatte.

Eine unserer ersten Begegnungen fand in meiner Wohnung statt, die sehr modern und daher mit Sisalboden ausgestattet war.

Die Schritte, die vom Ort eines eindeutigen Kusses ins Schlafzimmer führen, haben immer etwas Täppisches, Ernüchterndes. Da hat man sich grade noch in den Armen gelegen und vor Leidenschaft gestöhnt, und nun wird die romantische Filmszene unterbrochen – wie ›Vom Winde verweht‹ von einer Spülmittelwerbung.

Ich war also froh, daß mein Geliebter sich für den Sisalboden entschied. Und während die Leidenschaft ungehindert weitertoste, spürte und hörte ich, wie die Rückseite meiner sündteuren Spitzenkorsage dem natürlichen Abrieb zum Opfer fiel. Hätte ich nun darüber lamentiert, hätte ich auch gleich nach amerikanischem Modell ein Handtuch unter meine Hüften legen können zur Schonung des Bodenbelags. Ich strengte mich also an, nur an diesen Mann, seine und meine Begehrlichkeit zu denken, aber bestimmt nicht an dieses Dessous für 489,- DM. Offenbar sah ich dabei doch etwas angestrengt aus, denn in die postkoitale Erschöpfung hinein seufzte der Mann neben mir: »Vielleicht kann man das ja reparieren.«

Und daran hat er gedacht trotz seiner aufgeschürften Knie.

Aber das erste Geschenk, das ich ihm kurz drauf machte, ließ mich in meinem Optimismus wankend werden. Er sah zuerst das kunstvolle Gebilde an, bewunderte die Farben, das Papier, die Schleife, die Verpackungskunst, öffnete die Schleife ohne Messer, aber dann riß er das Papier so begierig herunter, daß es in Fetzen umherlag. Und dann nahm er einen großen Fetzen, sah ihn andächtig an und sagte: »Wirklich wunderschön.«

An diesem Verhaltensmuster meines angeheirateten Geliebten verdient die Strumpfindustrie enorm.

Angesichts fotoreif zerstörter Strümpfe fragte er mit tröstender Stimme: »Aber da waren doch schon Kratzer drin, oder?«

Der Haushaltsposten Strümpfe kann einem normalen Menschen nicht ins Geld gehen. Der kauft B-Sortierung oder blickdicht Stabiles. Für einen Dessous-Passionierten können die Strümpfe zum Strick werden.

Es drohte die Zahlungsunfähigkeit im Dessous-Budget.

Ein Wunder hielt diese verheerende Entwicklung auf.

Das Wunder war ein Heiratsantrag.

Seither fragt mein angetrauter Geliebter nämlich immer vorher: »Waren die sehr teuer? Und sind die noch für schön?«

Lädiertes wird nicht mehr achtlos in den Müll geworfen, sondern konserviert. Für eine zweite Karriere bei nichtöffentlichen Auftritten.

Warum es eine Frage der Technik ist, wieviel eine Frau ablegt

Verkäuferinnen in der Textilbranche werden gern unterschätzt. Weil sie ihre große Einfühlungsgabe ohne viel Aufhebens zum Wohl des Kunden einsetzen.

Niemals kämen sie auf die Idee, jemandem ein Schweißhemd zu verkaufen. So sprechen sogar fast alle vom süßen Hemd, dem Sweet Shirt, wenn sie ein Sweat-Shirt verkaufen. Besserwisser wittern dahinter mangelnde Englisch-Kenntnisse. Weit gefehlt: Unbewußt ist den Damen im Verkauf nämlich klar, daß niemand, der nur eine Sekunde nachdächte, sich ein Schweißhemd zulegen würde, wo die Zwiebelnote im Kaufpreis inbegriffen ist.

In einem Land, das den Begriff Null-Wachstum geboren hat, ist man eben sprachlich sensibilisiert. Und auch, wenn der Terminus »vollschlank« etwas außer Mode gekommen ist: Nach wie vor ist gerade die Textilbranche vorbildlich in Fragen sprachlicher Einfühlsamkeit.

»Schlüpfer« ist zum Beispiel eine Vokabel, die an ältliche, säuerlich riechende Handarbeitslehrerinnen denken läßt. Wie jungdynamisch und straff klingt dagegen das Wort Slip.

Wer vom Korsett redet, bekommt umgehend Atemnöte. Korselett oder Korsage aber hat die Musik von Moulin Rouge oder Crazy Horse.

Wer bitte ginge in ein Geschäft, um nach einem

Bauch-Vernichter zu fragen? Einen »Tummy-Terminator« hingegen verlangt jeder, ohne zu erröten.

Das, was früher in Sanitärgeschäften als hautfarbene figurformende Miederware verkauft wurde, heißt heute »bodycontouring«, ein hautenger Unterrock mit eingebautem Miederhöschen nennt sich »Hip-Slip«, eine Unterhose mit Gesäßpolster für den Mann »Super Shaper« und das ganze Angebot läuft unter der Bezeichnung »High-Tech«-Wäsche.

Unter dieser Rubrik finden sich alle die Zwangsjacken aus Elasthanfaser, die in den wirtschaftswunderbaren Jahren die Folgen der wirtschaftswunderbaren Ernährung wegmogeln mußten.

Einzig der »Wonderbra«, ebenfalls eine Erfindung der 60er, hat seinen Namen behalten dürfen; Wunder sind eben immer in Mode.

Und diese Sorte Wunder ist derzeit besonders gefragt. Denn ohne sie ist es nur einem verschwindend geringen Prozentsatz der weiblichen Bevölkerung möglich, dem Schönheitsideal nahezukommen.

Kürzlich erreichte die Frau, die ewig strebend sich bemüht, eine beruhigende Nachricht: Die Wespentaille sei nicht mehr in. Aber die Freude darüber wurde sofort vergällt durch ein neues Schönheitskriterium mit dem Namen BMI, zu deutsch Body-Mass-Index. Männer, hat es bisher geheißen, fahren am liebsten auf Kurven ab, die nach einer simplen Formel angelegt sind: Taillenweite dividiert durch Hüftumfang muß 0,7 ergeben.

Jetzt wird der Rechenaufwand größer. Die Männer legten sich nämlich gar nicht mehr so gern in die Kurve. Sagen jedenfalls die Meinungsforscher. Eine Traum-

68

strecke errechne sich so: Gewicht in Kilogramm dividiert durch die Körpergröße in Metern im Quadrat müsse etwas zwischen 18 und 20 ergeben.

Wer das mal bei sich ausprobiert, stellt fest, daß nur Magersüchtige dieser Forderung standhalten. Frauen, die auf 1,75 Meter 54 Kilo wiegen.

Der BMI schreckt nicht alle, manche freut er richtiggehend: die Hersteller von High-Tech-Wäsche. Denn sie paßt jede Figur ohne Diät- und Fitneß-Streß den neuen Verhältnissen an.

Und die rhetorische Leistung der High-Tech-Wäsche-Ingenieure zeigt sich darin, daß sich heute niemand mehr peinlich vorkommt in diesen Formpressen.

Früher wirkte so etwas genierlich.

Meine Schulfreundin F., Italienerin, hatte eine Mutter, die großartig Minestrone kochte und fast täglich selber Pasta machte. Das sah man F. an ihrem zufriedenen Lächeln an, sonst nicht. Wenn wir uns aber vor und nach dem Mädchenturnen umzogen, brauchte sie immer etwas länger. Denn sie trug ein Miederhöschen, das von den Hüften erst kaum runterzukriegen und nachher nur mühsam wieder draufzukriegen war. Aber dafür die Hinterbacken in Form brachte. F. war das so arg, daß sie sich immer in den hintersten Winkel des Umkleideraums zurückzog,vor allen anderen dort war und nach allen anderen ging.

Heute heißt F.s Genierlichkeit »Butt Booster«. Klingt doch geradezu nach einem Fitneßgerät, obwohl es ganz ordinär »Hinternhochdrücker« heißt. Auch Männer verzichten nicht auf die Segnungen dieser Technik. Der sogenannte »Super Shaper«, ein Slip, der die Gesäßbacken in Form bringt und mittels eines Polsters für einen erhebenden Anblick sorgt, ist in den USA ein Verkaufserfolg. Denn bei diesem Namen denkt jeder an den Super Shape eines Porsche oder Maserati und das macht nahezu jeden Mann potent und glücklich.

Im Namen des High-Tech und zeitgemäßer Sprach-artistik ist der Mogelwäsche ihr spießiges Image abhanden gekommen. Und auch ihr sadistisches. Jeder von uns empört sich über etwas derart Infames wie Brust-binden, die den Busen flachquetschten, um dem schwellenden Körper junger Mädchen den Reiz zu nehmen. Als sogenannter »Minimizer« hat die bequemere Version heute den Ruf, lean management für die Figur, also zeitgemäß zu sein.

Kein Wunder also, daß High-Tech-Wäsche-Hersteller wie die »Bodyslimmer Inc.« Millionen scheffeln.

Karl Valentin hätte heute keine Chance. Er hat den BH »Apparat zur Hebung der Milchwirtschaft« genannt. Damit lassen sich natürlich keine Umsätze steigern. Unter dem Namen Wonderbra hingegen wird der Apparat zum Apparat für Gelddrucken. Fragt sich nur, wie lange.

Denn dieser BH hat außer den Häkchen zum Verschließen noch einen Haken. Wie der aussieht, könnten wißbegierige Wäscheproduzenten in den Kummerkästen diverser Frauenzeitschriften lesen.

»Ich habe«, schreibt da Sandra K. aus M., »einen tollen Typen kennengelernt, und er ist auch an mir interessiert. Ich trage immer einen Wonderbra und habe nun schreckliche Angst vor dem ersten Mal. Wenn er mich wirklich oben ohne im Bett sieht. Was soll ich tun?«

Die Leute von der Bodyslimmers Inc. zucken da nur die Schultern.

Das Ding ist verkauft, was kümmern sie die Sorgen der Anwenderinnen?

Das ist verständlich, aber nicht klug. Denn langfristig gesehen braucht es zu jeder technischen Ausrüstung auch eine Gebrauchsanweisung. Sonst kauft keiner das Ding noch einmal. Doch nirgendwo findet sich an der High-Tech-Wäsche ein Beipackzettel, der auf die möglichen Risiken hinweist.

»Wenn Sie einen Wonderbra mit starkem Push-Up-Effekt oder andere intensiv formende High-Tech-Dessous vor einem Sexualpartner ablegen«, könnte da stehen, »löschen Sie vorher das Licht. Sie können ihm auch eine dunkle Sonnenbrille aufsetzen oder spielerisch die Augen verbinden.«

In diesem Sinn wäre es natürlich erleichternd, wenn wirklich, wie in den USA, immer mehr Männer zu denselben Methoden wie die Frauen greifen würden. Denn wenn beide Beteiligten sich beim Entkleiden wie ein gelungener Hefeteig verhalten, ist ja für Parität gesorgt.

Und auch bei einseitiger Anwendung ist heute bei denen, die 35 und älter sind, die Gefahr der Desillusionierung nicht allzu groß. Denn die meisten Männer kennen sich so genau nicht aus mit den modernen Methoden der Manipulation und richten das Augenmerk nicht direkt darauf.

Die Jugend jedoch durchschaut sie immer früher.

Eine Lehrerin an meiner Schule, ganzjährig brathendlbraun und daher noch mit 50 als sportiv und jungdynamisch eingestuft, jedenfalls von sich selber, betrat eines

milden Frühlingstages das Klassenzimmer in einem Dirndl, in dessen tiefem Ausschnitt drall angerichtet die anscheinend von keinerlei Drang zur Schwerkraft befallenen Brüste prangten.

Das Grunzen der pubertären Klassengemeinde wurde aber sofort von mehreren kennerhaften Zwischenrufen übertönt.

»Halbschalen-BH.«

Und ich weiß nicht, ob ich einmal von den klugen Söhnen meiner Freundin P. zum Beispiel mit den Worten: »Aha, Wonderbra« empfangen werden will.

Den wirklich beispielhaften Einsatz eines Wonderbra können wir jedoch von Leuten wie Pamela Anderson lernen, der Barb Wire aus ›Baywatch‹. Allgemein gilt sie als ein Wesen, dessen Denkvermögen sich umgekehrt proportional zur Oberweite verhält. Welch ein schwerwiegender Irrtum. Pamela bekennt sich nämlich öffentlich dazu, einen Wonderbra zu tragen. Und gibt mit diesem wirklich genialen rhetorischen Doppelaxel ihre falsche Pracht, die auch im Liegen senkrecht steht, als natürliche aus, die einer Unterstützung bedarf.

Das sind die wahren Wunder der Technik.

Wieso mein Großvater mich zum Fetischisten machte

Es war in der S-Bahn zu einer sehr dramatischen Zeit: ich war gerade dreißig geworden.

Daß sich mir jemand gegenübersetzte, nahm ich wahr, ohne hinzusehen. Denn S-Bahn-Muffel wie ich schauen dort so panisch in ihr Buch wie Flugangstbesessene beim Start in ihre Zeitschrift.

Ein paar Minuten später legte eine schmale Männerhand einen Zettel auf mein Buch. »Nicht erschrecken!« stand da in einer gestochen feinen zierlichen Schrift, »aber könnten Sie mir Ihre Strümpfe schenken?«

Ich hielt mich mit dreißig für erfahren, nahezu abgebrüht. Und war empört. Nicht über das Anliegen. Sondern darüber, daß es mir Herzklopfen machte, Hitze in die Backen jagte und mir ein Gefühl der Hilflosigkeit gab. Also nahm ich den Zettel, legte ihn irgendwo hinten ins Buch und las weiter.

Ich hätte dabei allerdings das Buch genausogut verkehrt herum halten können.

Was mich umtrieb, war erstens die Frage, woher dieser Mann, den ich nicht anzusehen wagte, wußte, daß ich Strümpfe trug. Trug ich doch einen wadenlangen Hosenrock, ohne Schlitz wohlgemerkt. Oder hatte er eine unscharfe Ausdrucksweise in Sachen Textilien wie jeder Mann, der nicht aus der Branche ist oder schwul? Schließlich sagen fast alle Männer, die heute vierzig

73

sind oder mehr, »Kleid« zu dem, was eine Frau anhat, auch wenn es ein Kostüm, ein Overall oder ein Hosenanzug ist. Nur zu Jeans sagen sie Jeans.

Das würde heißen, daß dieser Mann vis à vis auch eine Strumpfhose meinen könnte. Nur damit wäre seine Bitte noch wahnwitziger. Daß eine Frau einen Strumpf abstreift in einer dünn besetzten S-Bahn an einem lauen Spätsommertag, wäre ja irgendwie vorstellbar, aber daß sie sich auszieht, um die Strumpfhose runterzustreifen?

Ich war mit meinen Überlegungen, den Blick starr auf die Lektüre gerichtet, noch nicht weiter gediehen, da wurde der nächste Zettel auf mein Buch geschoben.

»Bitte! Ich zahl' es ja auch.«

Jetzt schlug meine Verwirrung Purzelbäume. Was heißt da »es«? Wenn er die Strümpfe oder Strumpfhosen meinte, hätte er doch »sie« geschrieben. Wollte er etwa Geld bieten für diese Aktion, besser gesagt: diesen Akt?

Und damit mußte ich mich wohl fragen, ob ich so käuflich oder so bedürftig aussah.

Es gibt Fälle, wo man, das Erschießungskommando im Rücken, an der Wand steht oder mit dem Auto den Steilhang ins Meer hinunterstürzt. Und im letzten Moment wunderbar errettet wird. Einfach durchs Aufwachen. In dem Fall war es die S-Bahn-Station Starnberg, die mich aus diesen Überlegungen befreite. Ich stand auf, der Mann gegenüber stand auf, und während ich verkrampft zur Tür schaute, sagte er: »Nix für ungut. Aber ich steh' auf lange Beine, und Sie haben so ein gutes Parfum.«

Da sah ich ihn an. Er war vielleicht siebzehn, fast

bartlos, und jede Jungfrau Maria hätte sündig neben ihm gewirkt.

Aber er wußte mehr als viele ausgebuffte Frauenhelden: Ein Fetisch muß riechen. Natürlich nach mehr als dem aufgesprühten Parfum. Und er muß an etwas erinnern. An die Schenkel, an den Busen, an den Nacken.

So gesehen war Goethe als Fetischist ein Profi.

»Schaff mir ein Tuch von ihrer Brust«, fordert Doktor Faust in Goethes Auftrag, »ein Strumpfband meiner Liebeslust.«

Er weiß genau, was Mephisto ihm aus Gretchens Wäschebeständen organisieren soll. Wollene Unterhosen oder ein Unterhemd interessieren ihn anscheinend nicht. Und damit hat er völlig recht.

Fetischgeeignet sind nur Wäschestücke, die aus wenig Stoff bestehen und doch reichlich Stoff für Phantasien liefern. Und sie dürfen nicht praktisch sein.

Ein Angora-Schlüpfer ist gut gegen Rheuma, aber nicht gut für Fetischisten.

Leider ist die Auswahl an fetischtauglichen Objekten heute kläglich zusammengeschrumpft. Früher standen da saffianlederne Handschuhe, seidene Pantöffelchen, schimmernde Bänder, hauchfeine Brusttücher oder Spitzentaschentücher zur Verfügung. Heute trennt sich kaum eine Frau von einer Locke, höchstens von einem ihrer Papiertaschentücher. Und die lassen selbst professionelle Fetischisten kalt.

Erbat früher ein Mann von seiner Geliebten etwas Haar oder Textil, sagte sie errötend ja und fühlte sich nicht entehrt, sondern begehrt. Heute ist das anders.

Die ›Männer Vogue‹ hat vor eineinhalb Jahren vier Frauen zu dem Thema befragt: »Was machen Männer beim Sex falsch?«

Frage Nr. 21 hieß: »Darf er Trophäen von ihr mitnehmen?«

»Also doch auf der Jagd!« empörte sich die erste der vier Frauen. »Wenn er meine Seidenwäsche haben will, soll er sie bezahlen. Meine Visitenkarte darf er sich gratis übers Bett nageln.«

Da vergeht ja nun wirklich jedem Mann die Lust, um ein Liebespfand zu bitten.

Nach Zeugenaussage meines angetrauten Geliebten waren die Mädchen in seiner Jugend williger und billiger.

Die G., die mit 15 gerade ihre Lehre begonnen hat, gefällt ihm, weil sie so nett lacht. Weil die Form ihres Pullis einen strammen Busen verspricht. Und eigentlich, weil ihm jedes Mädchen gefällt, das sich anfassen läßt und auch mal wo hinfassen läßt.

Dann kommt die Stunde des Schicksals: G. ist bei ihm.

Mit Herzklopfen bis in die Ohren hat er sie heimlich in sein Zimmer bugsiert.

Das erste weibliche Wesen, das er ausziehen darf. Er sagt, er sei gar nicht geil gewesen, sondern gerührt, sogar erschüttert. »Ich glaub', ich hatte Tränen in den Augen«, meint er heute. Dann zieht er der G. den Pulli aus und den Reißverschluß auf und sie steht da in Unterhose und BH, einem weißen BH mit Spitze.

Es kommt nicht zum Äußersten. Das alles ist schon mehr, als er verkraften kann. Aber er bittet sie, ob

sie vielleicht den BH dalassen könnte. Nur für eine Weile.

Und sie sagt einfach ja. Eine Woche, vielleicht auch zwei oder drei liegt der BH von der G. hinter seinen Hemden im Schrank. Und wenn die Schulaufgaben gemacht sind, belohnt er sich, holt den BH raus, steckt die Nase rein und atmet diesen köstlichen Duft aus einem billigen Mächenparfum, ein bißchen Schweiß- und Hautgeruch. Und ist dabei erregt, als stünde sie nackt vor ihm.

Der Gedanke allein müßte doch eigentlich jede Frau entzücken, daß ein Mann sich nach ihr verzehrt, wenn er solch ein Erinnerungsstück in die Hand nimmt.
Und Frauen, die sich über die Bitte nach einem Fetisch derartig entrüsten wie die Dame in der ›Männer Vogue‹ sollen doch mal in ›Wahrigs deutschem Wörterbuch‹ nachlesen, was dort unter diesem Stichwort steht: »Gegenstand religiöser Verehrung, dem bei Naturvölkern überirdische Kräfte zugeschrieben werden.«

Wer will denn noch mehr, als religiös verehrt werden?

Die vier befragten Frauen in der ›Männer Vogue‹ antworteten unter Pseudonym. Trotzdem hätte mich jeder erkannt bei meiner Antwort auf die Frage, ob er sich von mir ein Souvenir mitnehmen darf. »Wenn es nicht das sündhaft teure Luxusteil ist, ja.« Ich gebe zu, daß ich es für Verschwendung hielte, ihn an einem Body mit Bustier und langen Spitzenärmeln schnuppern zu lassen, wenn es ein BH auch tut.

Die Antwort der mir unbekannten Kollegin unter Nr. 4 hingegen ist deutlich strenger.

»Wenn es gut war, werde *ich ihn* um eine Trophäe bitten. Wenn er mir nicht gibt, was ich möchte, ist er aus dem Spiel. Es kommt darauf an, wie sich der Wunsch zum Typus verhält. Bittet der Eurotrash-Playboy um den Spitzenslip, kriegt er ihn nicht. Der BWL-Student kriegt ihn. Wer Schamhaare will, muß erst erklären, wie er sie aufbewahrt.«

Als ich meinem angeheirateten Geliebten diese Antwort zeigte, meinte er: »Was ist denn bitte ein Eurotrash-Playboy?«

Andere Männer fragen nach solch einem Maschinengewehrfeuer mißverstandenen Emanzentums überhaupt nichts mehr. Jedenfalls fragen sie bestimmt nicht nach einem Liebespfand.

Ich frage mich: Was könnte der Mann ihr geben (nach dem Leistungsnachweis, den er zuerst erbringen muß, um zur Abgabe überhaupt ermuntert zu werden)?

Das meiste, was ein Mann am Leib trägt, ist zum Fetisch so geeignet wie ein Taschenrechner. Die übliche kurze Männersocke entbehrt jeglicher Erotik, auch die übliche männliche Unterhose, Typ »Karl-Heinz« oder »Walter« versetzt selbst schnell zu entflammende Frauen nicht eben in glühende Sehnsucht nach dem Geliebten. Und mit der Locke gibt es angesichts grassierender Kurzhaarschnitte und Kahlrasuren auch Probleme. Und die meisten Männer über 40 werden mit ihren Haaren aus ersichtlichen Gründen sowieso geizig.

Abgeschnittene Fuß- oder Fingernägel, davon würden sie sich vielleicht trennen. Aber das ist wie bei einem Zahn: So was tragen nur Mütter als Fetisch mit sich herum.

Mein erster Fetisch von einem Mann war aus Seide, aus einer schweren Seide mit Paisley-Muster auf türkisfarbenem Grund.

Ich ging damit ins Bett, schlief damit ein, um besser zu träumen, und wachte wieder damit auf. Er tröstete mich im Kummer und war bei mir, wenn ich alleine war. Die Tatsache, daß er von einem Hemd meines sehr gut aussehenden Großvaters stammte, würde Psychologen beunruhigen. Die Tatsache, daß ich um die zwei war, die optischen Qualitäten meines Großvaters noch nicht so recht beurteilen konnte, und daß der Fetisch die Rolle eines Schmuselappens spielte, entschärft die Lage. Nicht allerdings für kluge Analytiker wie den, den ich geheiratet habe. Als ich ihm erzählt habe, daß ich selbigem Großvater, wenn er im Korbstuhl auf der Loggia saß und sinnend die Bergwelt um den Luganer See betrachtete, mit einer Pinzette störende Haare vom Hals zupfte, hat er nur »Ah, ja« gesagt. Aber mit diesem wissenden Ausdruck, der Nicht-Analytiker wütend macht.

Eines aber kann ich auch ohne analytischen Sachverstand erklären. Daß Frauen, wenn ein Mann sie um einen Fetisch bittet, reagieren, als sei er ihnen unerlaubt an die Wäsche gegangen, hat mit einem Mißverständnis zu tun. Es geht hier eben nicht um Trophäen, die wie der Pokal im Tennis oder Golf ausgestellt werden. Ein Fetisch ist zum Verstecken da, nicht zum Vorzeigen. Zum heimlichen Genießen, nicht zum Angeben. Bei Männern, die Pokale auf dem Regal stehen haben, ist also Vorsicht angebracht.

Mißtrauisch macht viele Frauen, daß manche selbsternannten Sexualforscher neuerdings behaupten, der

79

Mann werde die Frau als solche ohnehin bald ausmisten aus seinem Bestand, ganz im Zeichen des lean management. Eine Frau koste einfach zuviel. Zuviel Geld, Kraft, Zeit, Nerven und vor allem Aufmerksamkeit. Und so, wie schlaue Manager das Bedarfsauto nutzen, also je nach Gelegenheit mieten, würden auch Männer bald zur mietbaren Bedarfsfrau übergehen. Dann wäre der Fetisch also nur Ersatz für eine Frau, die wie ein menschliches Wesen die Frechheit besitzt zu fühlen, zu fragen, zu weinen und auf andere Weise zu schmutzen. Glücklicherweise reden diese Sexualforscher nur von sich selber, nicht von den übrigen Männern. Die wollen einen Fetisch, um sich über die zeitweilige Abwesenheit ihrer Geliebten hinwegzutrösten.

Und damit ihre Imagination dabei beflügelt wird, sollte ein Fetisch nicht steril oder nur nach Deo riechen, sondern nach Haut und Sekretion.

Was also wäre besser geeignet als ein Dessous?

Aber selbst das läßt sich wunderbar mißverstehen, wobei so ein Mißverständnis auch noch öffentlich belobigt wird.

Bei der Biennale 1997 wurde der Spezial-Preis dem Künstler Tobias Rehberger verliehen. Sein Werk, hieß es in der Begründung, sei »wirklichkeitsnah, imaginär, privat und skulptural zugleich«. Herr Rehberger hatte in einer Vitrine Nylonwäsche ausgestellt, die angeblich vom Aufsichtspersonal getragen wird.

Besucher, die die Wirklichkeitsnähe von Rehbergers preiswürdiger Arbeit überprüfen wollten und den Wärtern und Wärterinnen an die Wäsche gingen, sollen rüde abgewiesen worden sein.

Was echte Fetischisten irritiert, ist Herrn Rehbergers emotionales Defizit. Er hat nämlich Wäsche ausgestellt, wie sie getragen wird. Nicht getragen worden ist.

Vielleicht sollte Tobias Rehberger für die nächste Installation nach Japan fahren. Dort gibt es nämlich oder gab es – in Japan wechseln die sexuellen Modedrogen schneller als die neueste Software – Herren in Anzug und Schlips, die auf dem Weg ins Büro bei einer Schule vorbeischauen und kleine Mädchen um ihre Unterhosen bitten. Um getragene, selbstverständlich.

Päderastie ohne Anfassen: Sogar die bravste Baumwollunterwäsche läßt sich also mißbrauchen.

Vielleicht sollte man den japanischen Schulmädchen ein paar verruchte rote oder schwarze Spitzendessous stiften. Das wäre in dem Fall ein Unfallverhütungsmittel.

Wenn Wäsche ans Putzen erinnert
und an Einmalspritzen

Es gibt in jedem Menschen unerschütterliche Sicherheiten. Daß einem bestimmte Dinge nie passieren würden. Oder daß bestimmte Leute einem niemals näherkämen. »So jemanden kenne ich nicht«, sagt man dann, leicht angewidert und empört.

Noch immer kenne ich persönlich keinen Wähler der Freien Wähler Union. In anderen Fällen mußte ich leider kleinlaut beigeben.

»So jemanden kenn' ich nicht«, dachte ich, als ich das erste Mal Einwegunterwäsche sah. Sie lag in einem Drogeriemarkt im Regal und machte mich kriminell. Das dezente kleine Muster, dunkelgrün auf Schmutzigweiß, erinnerte mich an Putzlappen im Zehnerpack, die ich erworben hatte, weil »supersaugfähig« (in einem Wort) außen draufstand und ich die Folgen einer inkontinenten Waschmaschine vom Boden zu wischen hatte.

Aber bei diesen optisch nahezu identischen Unterhosen wollte ich wissen, ob sie auch haptisch identisch sind und sich wie Putzlappen anfassen. In Ermangelung langer Fingernägel schnitt ich mit meinem Fahrradschlüssel eine Ritze ins Plastik, steckte den kleinen Finger hinein und was fühlte ich? Meine Putzlappen aus dem Zehnerpack, supersaugfähig (in einem Wort).

Kurz darauf gestand mir U., die mich kennt, seit ich auf der Welt bin, weil sie meine Schwester ist, wie sehr sie solche Einwegunterwäsche schätze. Das sei im Urlaub die wahre Wonne und letztlich der eigentliche greifbare Erfolg jahrzehntelanger Emanzipationsdebatten.

U. ist, das sei zu ihrer Entschuldigung gesagt, Anästhesistin. Und Einwegspritzen sind den hygienebewußten Menschen in diesem Job verständlicherweise sympathisch. Der Weg zur Einmalunterhose ist da natürlich weniger weit. Und wenn da außen draufsteht, sie seien hautsympathisch, ist es nur natürlich, wenn jemand von dieser Sympathiewelle überrollt wird.

Die Liebe zur Wegwerfwäsche hat U. allerdings, wenn ich richtig informiert bin, mit der Eheschließung abgelegt. Möglicherweise fand ihr Mann es nicht so schön, ihre zarte Figur aus Reinigungsmaterial zu schälen. Es will ja schließlich auch keiner die Liebste aus Frappanfolie wickeln oder aus einer zugeschweißten Aromapackung schneiden.

Und jemand Putzlappen, wenn auch ungebraucht, vom Leib zu zurren, hätte nur für Männer einen Reiz, deren erste heimliche Leidenschaft einer von der Putztruppe galt.

Es gibt allerdings auch Wegwerfwäsche, die gar nicht als solche etikettiert ist.

Aber wer sie trägt, hat bei einer Dessous-Passionierten wie mir auch keine längere Haltbarkeitsdauer als Einmalunterwäsche.

Wegwerfunterwäsche bei Männern ist für mich die Sorte, die ungemein orginell ist. Mit Sprüchen drauf, diversem kopulierenden Kleingetier oder Sehenswürdigkeiten wie dem Eiffelturm, die auf die analogen

Turmbauten vor Ort hinweisen sollen. Um deren Aufbau ich mich gefälligst zu bemühen habe.

Verblüfft war ich bei einem Mann, dessen Oberbekleidung im irischen Landjunkerstil durchaus Klasse hatte, zweite bis dritte jedenfalls. Der aber in ausgezogenem Zustand aussah wie ein Bruder des Heiligen Franziskus. Dessen Sparsamkeit, was die Kutte anging, ist ja berüchtigt und noch immer in Assisi zu besichtigen. Zum Schluß war sie wohl so löchrig, daß jeder noch so sanfte Waschvorgang sie in Brösel zerlegt hätte. Doch meine Sympathie für den Heiligen Franziskus beruht nicht zuletzt darauf, daß der Mann sein gesamtes Vermögen verschenkt hat, mit den Fischen, den Tieren und den Vögeln sprach. Und außer der Sache mit Vögeln wäre diesem Liebhaber nichts von alledem in den Sinn gekommen.

Wegwerfunterwäsche gibt es auch bei Frauen. Dabei handelt es sich um die Sorte transparenter Chemiefaser, unter der selbst dem Schamhügel nach kurzer Zeit der Schweiß ausbricht.

Daß bei mir auch Angoraschlüpfer unter Wegwerfwäsche laufen, hat zugegebenermaßen biographische Gründe. Und damit zu tun, daß ich (noch) kein Rheuma habe.

Weshalb ich einem Automobilclub frühe Einsichten verdanke

Sie kam immer sehr pünktlich und außerdem gratis. Trotzdem mochte weder meine Mutter noch mein Vater sie leiden. Ihr Dasein bei uns zu Hause war auf wenige Minuten befristet: Kaum war sie angekommen, wurde sie herzlos und kommentarlos rausgeschmissen.

Irgendwann habe ich sie, einem Instinkt gehorchend, wieder aus dem Müll gezogen, die mißachtete ADAC-Postille. Und es war nicht der Teil, in dem Autos getestet oder gepriesen wurden, sondern der Anzeigenteil, der meine Aufmerksamkeit bannte. Und auch da nicht etwa die großen Bildseiten, auf denen chromblitzende Achtzylinder in der kalifornischen Abendsonne gleißten oder auf einsamen Hochstraßen ihre Leistungskraft zeigten. Es waren die schmucklosen, enggedruckten Klein- und Kleinstanzeigen, denn die waren sehr oft erotischer Natur.

Damals, mit dreizehn oder vierzehn Jahren, hat mich nicht etwa die Frage beschäftigt, was der Versand von Vibratoren, angekündigt als »Gesichtsmassagegerät für die Dame«, mit Autos zu tun habe. Erst im nachhinein wird mir klar, wie gewitzt die Anzeigenkunden hier positioniert haben, in einem Blatt für den Mann. Der wußte dann, was er der Gattin schenken muß, wenn er sich selber einen neuen Opel, Ford oder Porsche schenkt, damit sie nicht auch auf die Straße geht.

Besonders prickelnd fand ich eine Anzeige von Beate Uhse, die eine kurvenreiche Frau in Reizwäsche zeigte. Und drunter stand der verheißungsvolle Satz: »Wir senden Ihnen den Katalog gegen Rückporto in Briefmarken gerne in garantiert diskreter Verpackung zu.«

Ich wollte wissen, wie eine diskrete Verpackung aussah, schnitt den Bon aus, legte das erbetene Rückporto bei. Und stand von diesem Tag an immer am Briefkasten, wenn frühmorgens die Post kam.

Und sie kam. Die Verpackung war auch diskret: Nirgendwo waren Herzen drauf oder gar der Name von Beate Uhse aufgedruckt. Aber das Couvert war keins, wie ich es kannte und wie es die üblichen Bürowarenläden führen. Das Papier war anders, die Farbe war anders. Und mit diesem Herrschaftswissen konnte ich alle anonymen Beate-Uhse-Kunden identifizieren, wenn sie nur ihren Briefkasten außen an der Tür hatten. Der Katalog ging nämlich, wie sich das für einen ordentlich erotischen gehört, nicht in einen normalen Schlitz hinein.

Der Effekt nutzte sich bald ab, der Katalog gefiel mir aus ästhetischen Gründen nicht. Und auch deswegen, weil sich vieles meinem Verständnis entzog, wo ich doch auf meinen durchdringenden Verstand so stolz war. Die Sprache in diesem eindeutigen Kompendium war nämlich unerwartet vieldeutig. Aufwendiger gesagt: metaphernreich. Da wurde von Burgen geredet, die gestürmt werden sollten, von Pfeilen, die abgeschossen würden, von verwegenen Rittern, und von alldem war nichts zu sehen. Immerhin blieb eines in meinem Hirn hängen: daß wirklich scharfe Sachen diskret verpackt sein wollen. Deswegen war ich fassungslos, als Madonna auf der Bühne die schärfsten Mieder außen trug und die Strapse ebenfalls. Und als das auch noch als Modetrend über die Pariser Laufstege stakste.

Irgendwann im Studium habe ich mir dann noch mal einen Beate-Uhse-Wäschekatalog bestellt. Die diskrete Verpackung war anders diskret, aber immer noch frei von direkten Hinweisen. Nur Uhse-Kunden unter sich erkennen, was drinsteckt.

Längst hatte ich von Leuten aus der Wäschebranche gehört, solche Kataloge seien geschmacklos und niveaulos. Aber die haben offenbar keine Ahnung.

Denn dort lebt eine Poesie, eine bildhafte Sprache voll feiner Anspielungen, die sonst nahezu ausgestorben scheint. Ohne symbolisches Denkvermögen könnte niemand den tiefen Sinn der Produktnamen genießen.

»Casa Grande« heißt da ein Modell für die Dame, »Himmel & Hölle« oder »Süßer Quälgeist«. Bei der Wäsche für Herren hat der Katalogtexter noch mehr Sprachwitz bewiesen. »Klarer Phall« beweist schon, wie souverän er sein Handwerk beherrscht, erst recht aber eine Bezeichnung wie »Ben Hur«, »Piranha« oder »Lady-Killer«. Einsame Größe beweist der Produktname »Rüssel-Rudi«, der einen schweinchenrosa Herrenstring bezeichnet, dessen textiler Rüssel aus 100 % Polyamid gefüllt werden darf.

Leute, die einen Internetanschluß haben, müssen sich ja auf die Aktion mit der diskreten Verpackung gar nicht mehr einlassen. Und auch dort lebt noch die dichterische Kraft der frühen Jahre. Beate Uhses »Strip-Poker« lockt mich mit heißen Versprechungen. »Das Klettband

87

lädt ein zum Aufreißen. Der Herrenstring aus elastischem Netz und Lederimitat läßt sie zum Frontalangriff übergehen.«

Leider liest sich das weitere etwas desillusionierend. »Grundschicht: 100 % Polyamid. Nutzschicht: 96 % PVC, 4 % Polyurethan« – eine Beschreibung, die mich an Fußbodenbeläge für Mehrzweckhallen denken läßt.

Aber immerhin ist Beate Uhses lyrische Kraft auch noch den Damen erhalten geblieben. Unter dem verheißungsvollen Titel »Samstagnacht« wird ein »bezauberndes Dessous-Set« mit überwältigender Symbolik angekündigt.

»Für frivole Männeraugen viel zu schade, aber wenn Sie ihn damit bei der Sportschau stören, rast sein Puls im Formel-1-Tempo auf 200!«

Mir kamen vor dem Computer schier die Tränen, daß mein Mann einfach nie die Sportschau ansieht. Die Tatsache aber, daß dieses unwiderstehliche Teil nur in der Farbe Violett angeboten wird, legt mir den Gedanken nahe, meinen psychoanalytisch geschulten angeheirateten Geliebten mal als Farbberater nach Flensburg abzustellen.

Ja, es gibt auf dem Bildschirm bewegende Erlebnisse für Dessous-Liebhaber. Das Internet eröffnet ganz neue Dimensionen der Erotik. Und den Zugang zu Perversionen, von denen ich bisher keine Ahnung hatte.

Was das bizarre Aufeinandertreffen von Esoterik und Erotik angeht, schien mir immer eine Szene bei Casanova einen unüberbietbaren Höhepunkt darzustellen. Da beschreibt er eine Begegnung in Paris mit einer stadtbekannten Dame, die sich Madame d'Urfé nennt,

eigentlich aber die Witwe des Marquis Louis de La Rochefoucauld ist. Sie befaßt sich mit Geheimwissen, ist Anhängerin der Rosenkreuzer und Besitzerin einer beachtlichen alchimistischen Versuchsküche. Sie beschließt, mit Casanova das Opus Magnum zu vollbringen, die symbolische Vereinigung von Schwefel und Quecksilber.

Durch die Hypostase, wie sich der dazu gebräuchliche Ritus nennt, soll sie im Leib eines männlichen Kindes, das sie selber »gezeugt« hat, wiedergeboren werden.

Bei der Zeremonie mit Räucherstäbchen und geheimnisvoll parfümiertem Badewasser verbrennt Casanova in einer Alabasterschale mit Wacholderbranntwein, kabbalistische Beschwörungsformeln murmelnd, einen Brief an die Mondgöttin und beweist, daß er ein großartiger Schauspieler ist. Denn es gelingt ihm, den Geschlechtsakt mit der sechzigjährigen Madame zu vollziehen, ohne den Ernst der Zeremonie durch unangemessene Heiterkeitsausbrüche zu unterwandern.

Was mich aber immer umtrieb, war die Frage: Was trug sie dabei, bevor es zur Sache kam, um den nicht mehr ganz jugendfrischen Leib reizvoll und der Situation gemäß zu verhüllen?

Zumindest, was sie heute trüge, weiß ich. Dank Internet. Dort wird nämlich das passende Outfit angeboten: Dessous mit Seidenmalerei. Der kongeniale Name der Künstlerin hätte sicher auch Madame d' Urfé überzeugt: Sie heißt Monika-Solveig Rewald.

Trotzdem muß ich gestehen, daß Dessous für mich so gut ins Internet passen wie Rilke in die Bildzeitung.

Außerdem kann das Internet-Wäscheangebot niemals einen Katalog ersetzen.

Ein Katalog ist eine Art Bilderbuch, das ich verstecken kann, das ich unter der Decke durchblättern kann, das jene Heimlichkeit ermöglicht, die Erotik erst prickelnd macht. Und offenbar geht es anderen Leuten ähnlich wie mir.

Der alte Mann atmet schneller. Seine graue Haut wird rosig. Seine erloschenen Augen beginnen zu glänzen. Denn ihm wird vorgelesen. Der Enkel hat einen dicken Versandhauskatalog auf dem Schoß und liest, was da drin unter den Bildchen steht. »Hüftgürtel, hautfarben.« Der alte Mann stöhnt entzückt. »Büstenhalter mit Zauberkreuz und Spitzenbesatz.« Der alte Mann wird noch erregter. Bei »Korselett aus hochwertigem Elasthan, figurformend« ist er kurz vor dem Orgasmus. Kurz danach tritt seine Tochter ein, der Katalog fliegt unters Bett des greisen Herrn und der Bub wird geschimpft, daß er den Opa immer so sehr in Aufregung versetzt.

Erzählt hat mir diese Geschichte meine schöne Freundin T.

Und wenn ich über mein Alter nachdenke, auch über die wenig erfreuliche Möglichkeit, einsam und bettlägrig zu sein, stelle ich mir eine entzückende junge Vorleserin vor, die dann an meinem Bett sitzt wie eine Fata Morgana meiner entschwundenen Jugend. Und mir etwas vorliest über Männer-Dessous.

Ich hoffe, bis dahin gibt es genügend Stoff.

Wieso Wahlkämpfer sich mit Unterhosen befassen

Wahlkämpfer haben es schwer. Denn sie haben ja gar nicht mehr die Wahl, nur noch den Kampf. Und den führen sie mit gnadenloser Konsequenz.

Vor der letzten Wahl des amerikanischen Präsidenten hatte Bill Clintons Mannschaft ein simples, aber eindeutiges, also erfolgversprechendes Motto. Bill Clinton ist die Zukunft. Unkonventionell vom Scheitel bis zur Sohle. Daß Clinton höchst konventionell, wie sich das gehört für einen erfolgreichen US-Bürger, seine Gattin betrog, hatte sich damals ja noch nicht weltweit rumgesprochen.

Und dann begeht Clinton einen Fauxpas, der für seine erbitterten Wahlkämpfer ein Schlag in die Weichteile war. Und zwar in die eigenen.

Ausgerechnet dort, wo die angeblichen Jungdynamiker hinschauen, in einer Show des Musiksenders ›mtv‹, bekannte sich Bill Clinton zu einem Intimfreund. Einem deutschen Intimfreund mit dem Ruf, besonders spießig zu sein. Er ließ sich schlicht verleiten, sich zu »Walter« zu bekennen. »Walter«, einem bescheidenen Typen aus Radolfzell am Bodensee, produziert von der Firma Schiesser und in Deutschland seit Jahren eine der beliebtesten Unterhosen. Leider in manchen Kreisen als Spießer verschrien. Und genau das machte die Wahlkämpfer so fertig.

Bill Clinton hat diese Wahl bekanntlich gewonnen. Und ich bin sicher, nicht trotz, sondern auch wegen dieses Bekenntnisses.

Denn das ist selbst Frauen wie mir, die nicht rechtzeitig für Elvis geboren wurden, als »Elvis-Strategie« ein Begriff.

Sei normal, sagte sich Mr. Presley. Zumindest zeitweise.

Bevor er brav als GI nach Deutschland ging, ließ er sich ablichten, wie er bei der Musterung gewogen wurde. Auf einer ganz normalen Balkenwaage in einer ganz normalen Unterhose, weiß und gerippt. Das ›LIFE-Magazine‹ veröffentlichte das Foto, und es hat Elvis nicht geschadet. Im Gegenteil.

Das genau hat nämlich vielen Millionen Verehrerinnen die Hoffnung zurückgegeben. Die berechtigte Vorstellung, er treibe es mit Groupies, wurde beruhigt von der Vision eines wohlerzogenen bürgerlichen und in tiefster Unterhose monogamen Elvis Presley. Jede sagte sich angesichts des GI in dieser Aufmachung: Eigentlich träumt er ja davon, mit mir eine nette Familie zu gründen.

Ähnlich wird es bei Bill Clinton, der als Womanizer ja schon in der Phase a. L. (ante Lewinsky) einen gewissen Ruf genoß, funktioniert haben. Ein Mann in so einer Unterhose paßt zu einer Hausfrau aus Rosenheim genauso wie zu einer aus Seattle. Er ist greifbar und begreifbar. Nur in diesem Outfit wird er der Präsident zum Anfassen. Hätte Clinton sich zu einem String mit Raubtierdruck bekannt, er wäre den meisten US-Bürgerinnen unsolide erschienen.

92

Fragt sich natürlich: Wann kann ein Mann sich diese Unterhose leisten? Wann schädigt sie seinen Ruf und macht ihn zum Inbegriff des Spießertums, wann rettet sie seine Glaubwürdigkeit?

Die Söhne von Ex-Präsident Bush täten gut daran, sich zu flotten Tangas zu bekennen. Wenn man sich schon so inbrünstig für die Todesstrafe einsetzt, sollte er allerdings nicht schwarz sein, das könnte jemand glatt als Zynismus auslegen. Auch jeder bundesdeutsche FDP-Vorsitzende müßte ein Bekenntnis für »Walter« unter allen Umständen vermeiden, weil die Partei doch so hart daran arbeitet, trotz allem als jungdynamisch zu gelten.

Joschka Fischer könnte es hingegen riskieren.

Viel wichtiger aber als die Frage, in welcher Unterhose ein Mann nicht lächerlich wirkt, ist die Frage: In welcher wirkt er lächerlich?

Diese Einsicht verdanke ich meinem Vater, der mich vor einer Prüfung durch ausschließlich männliche Prüfer beriet. Und sein Tip hieß weder Baldrian noch Autogenes Training.

»Stell sie dir«, sagte er, »einfach in Unterhosen vor.«

Leider hat mir mein Vater nicht verraten, ob ich beim Wählen dasselbe machen soll.

Warum Dessous ein Grund sind, schwul zu werden

Päpste haben von Sex-Appeal meistens eine Ahnung. Zumindest den legendären Päpsten, die sich Mätressen erster Qualität ausgesucht haben, darf diese Belobigung ausgesprochen werden. Und auch denjenigen, die mehr am eigenen als am fremden Geschlecht interessiert waren, kam früher kein billiger Stricher ins vatikanische Bett. Nur Erlesenes.

Die Zeiten und die Bedürfnisse, vor allem aber die Ansprüche haben sich geändert. Auch die an Päpste.

Es fing noch vor Mitte der 80er an, daß männliche Freunde, sogar lose Bekannte mich vor einer bestimmten Geschäftsreise jedesmal inständig baten, doch eine Devotionalie direkt vom Papst mitzubringen. Sie verrieten mir die genaue Adresse, wo ich besonders günstig an das signierte Stück drankäme.

Sie wollten mir sogar die dafür zu verwendende Kollekte gleich in bar mitgeben. Kein Wunder, daß ich brannte, diesen Ort heiligenmäßiger Verehrung kennenzulernen.

Schon morgens um zehn drängten sich in der Andachtsstätte Gläubige verschiedener Nationen und verschiedener sexueller Bekenntnisse. Das erstaunte mich um so mehr, als ich erfuhr, der Papst, der hinter diesem anscheinend segensreichen Handel stecke, sei in der Bronx als Sohn jüdischer Einwanderer geboren und nenne sich Calvin I. Und nicht etwa der Große.

Calvin Klein, den selbst die strengen Fachbuchautorinnen aus Textilhandel und Sozialpädagogik in der Informationsbibel ›Wäsche‹ als »Unterhosenpapst« bezeichnen. Zu Recht. Jährlich wallfahren Tausende gläubiger junger Männer, speziell aus Deutschland, nach Manhattan. Und wie es sich für einen Papst gehört, schafft es Oberhirte Calvin Klein, seine Schafe davon zu überzeugen, allein in seinem Gewirkten liege das Heil. Es liegt dort nicht anders als in jeder anderen bequemen Männerunterhose. Aber Weihwasser ist ja auch nur Wasser, und niemand sieht, daß es heilig ist. Die Männerunterhosen von Calvin Klein sind darüberhinaus jedoch signiert, wenn auch maschinell: in den breiten Gummibund ist der Name des Unterhosenpapstes eingestrickt. Und damit wird aus den angeblich Unaussprechlichen etwas ungemein Ansprüchliches. Wer immer einem Mann, der die päpstlichen Unterhosen trägt, an die Wäsche geht, weiß, daß man hier nicht nur ein bißchen rumzündelt. Hier geht es darum, eine Opferkerze zu entzünden. Und zwar mit angemessenem Respekt.

Kaum wähnte ich mich eingeweiht in die Glaubensgrundsätze von Calvin I., mußte ich erkennen, daß ich noch keine Ahnung hatte von den eigentlichen Inhalten. Denn ich sah ein großes Plakat mit einem bartlosen jungen Kerl, der sich energisch dorthin griff, wo sich päpstliche Mitarbeiter in der Öffentlichkeit nicht hinzugreifen haben: Rapper Marky Mark überprüfte den Sitz seiner primären männlichen Geschlechtsmerkmale durch die Calvin-Klein-Unterhose hindurch. Mit dieser missionarischen Großoffensive schaffte der Unterhosenpapst sich eine immense neue Gemeinde.

Und trotzdem: päpstlicher als bei diesem Papst geht es in München zu, nicht weit von dem dortigen Sankt Peter.

»Ich bin ja nicht der liebe Gott, der weiß, was die Leute wollen«, verkündet da einer, der noch nicht mal Vikar ist, was die Umsätze angeht, verglichen mit dem Papst. Doch das ist die Bescheidenheit des würdigen Stellvertreters, des primus servus servorum. Dabei könnte dieser Männer-Missionar namens Lothar Schuster leicht auftrumpfen mit seiner verbrieften Glaubwürdigkeit. Der Mann aus dem Kleinwalsertal hat in Vorarlberg einmal Originalspitze aus dem echten Vatikan entdeckt. Und hat sie nicht etwa zweckentfremdet für weibischen Tand. Gotteslästerlich käme ihm das vor. Sondern er hat Chorhemden aus Satin daraus schneidern lassen, untenherum so delikat mit Spitze besetzt, daß die Kehrseite darunter wirklich göttlich wirkt und zu mancher Auferstehung führen dürfte. Dazu tragen die Mitglieder von Lothars feiner kleiner Gemeinde Radlerhosen aus ebenfalls päpstlicher Spitze.

Wer weiter fortgeschritten ist, darf sich sogar an kardinalsrote Samtbodys mit Stehkragen wagen. Einen hat Lothar maßgeschneidert für seinen ältesten Kunden. Er ist 94, von Beruf Zahntechniker, in jeder Hinsicht noch aktiv und in der Farbwahl des neuesten Dessous ausgesprochen heikel. Welcher heterosexuelle Mann, frage ich mich da neiderfüllt, gäbe sich in diesem Alter noch die Mühe, regelmäßig in neue exklusive Unterwäsche zu investieren?

Nur Schwule haben meines Wissens auch in fortgeschrittenem Alter noch diesen ausgeprägten Sinn für die

Bedeutung der Dessous. Ärzte jeden Geschlechts sind höchst dankbar für anspruchsvolle Schwule als Patienten, weil die auch ausgezogen eine Freude sind.

Wahrscheinlich bringen nur sie die nötige Haltung mit, die geistigen und ästhetischen Anforderungen an die verborgene Konfektion ernst zu nehmen.

In dem britischen Handbuch ›Men's Wear‹ bin ich auf Zeilen gestoßen, die das mit einer heute unüblichen Sprachgewalt verdeutlichen.

Schon 1935 forderte dieses Werk: »Unterwäsche sollte die Grazie von Apoll, die Romantik von Lord Byron, die Zurückhaltung von Lord Chesterfield und die Leichtigkeit von Mahatma Gandhi besitzen.«

Ein heterosexueller Durchschnittsmann hat doch keine Ahnung, wer Lord Byron und Lord Chesterfield sind, der weiß bestenfalls, um wen es sich bei Apoll und Gandhi handelt. Sich allerdings vorzustellen, wie die Grazie des einen und die Leichtigkeit des anderen ausschaut, noch zudem übersetzt in Unterhosen, das überfordert den normalen Verbraucher.

Und keiner käme auf die Idee, vor dem Erwerb einer neuen Unterhose diesem angeblich so zurückhaltenden Lord Chesterfield nachzugehen, bei dem es sich wahrscheinlich um den 4. Earl of Chesterfield handelt, der von 1745 bis 1746, ein ganzes Jahr lang, Vizekönig von Irland war. Und nicht etwa dadurch berühmt wurde, sondern durch die Briefe an seinen Sohn über die anstrengende Kunst, ein Gentleman zu werden. Dort findet sich wirklich die Verbindung zur Wäsche. Denn Lord Chesterfield fordert von einem Gentleman Eleganz (elegance), Anmut (grace), Ungezwungenheit (ease) und Anstand (bienséance).

Das wiederum soll wohl, deutet man das Handbuch richtig, der echte Gentleman von seiner Unterhose erwarten.

Außerdem betont Lord Chesterfield immer wieder, einem echten Gentleman habe es weniger um Moral zu gehen, als um den Stil des Auftritts. Offenbar wirklich ein Dessous-Experte. Denn nirgendwo ist Moral unwichtiger und Stil wichtiger als dort.

Solchen Anforderungen, wie sie ›Men's Wear‹ und Lord Chesterfield stellen, wird heute allerdings kaum ein Dessous-Designer gerecht.

Aber jemand wie besagter Lothar Schuster bemüht sich immerhin.

Nicht allein mit der Gestaltung seines Geschäfts, wo an die Decke, mit dickem Pinsel und noch dickerer Farbe drei Szenen gemalt sind von klassischem Anspruch. Zum Beispiel der Raub des Ganymed durch Zeus in Gestalt eines Adlers, frei nach Michelangelo, vielleicht auch Correggio. Eine Darstellung, die in diesem Zusammenhang dezent auf das Problem hinweist: Der nur mit einem Tuch schlampig verhüllte Knabe, den der bisexuelle Göttervater zu sich in den Olymp holt, hätte besser daran getan, vorher eine ordentlich sitzende Unterhose bei Lothar Schuster zu erwerben, dann müßte er nicht befürchten, mitten unter den Göttern nackt dazustehen.

Einfühlsamkeit sublimer Art zeigt sich in diesem Geschäft auch in anderer Hinsicht. Ich suche einen Slip für meinen angeheirateten Geliebten aus. Die Wahl fällt schwer. Da gibt es ein schwarzes transparentes Höschen, bei dem die Intimteile in Leoparden-Muster verpackt werden, oder Strings mit Tiger-Dekor. Feinsinnig wird so auf das Tier im Mann hingewiesen. Und wer jemals einen Mann gefragt hat, welchem Tier er sich denn ähnlich fühle, weiß, daß 99 % sagen: »Einem Panther.«

Auch die Mittelszene an der Decke, wo die Vertreibung aus dem Paradies gezeigt wird, findet ein Pendant am Wäscheständer. Und zwar in Gestalt eines Slips im Python-Design. »Ich bin nicht Adam, ich bin die Schlange«, sagt der Mann in diesem Teil. Und zu Sigmunds Freude ist das jedem verständlich.

Vor allem aber in der Bedienung zeigt sich, daß ein Mann nur der Wäsche wegen schwul werden müßte. Ich zeige dem Geschäftsführer, der wie ein tschechischer Tenor aussieht, das ausgewählte Teil und frage, ob das die rechte Größe sei für einen Mann, der Konfektionsgröße 48 trage. Er nimmt die schwarz-weiß gestreifte Hose, fährt sanft mit der Faust in das extra ausgebaute Weichteilfutteral und sagt schmelzend: »Der Beutel sitzt ideal, gerade bei Männern in einem sitzenden Beruf.«

Was meine Schwägerin mit dem Dekameron verbindet

In unserer Wohnung gibt es einen Giftschrank. Wir sind nämlich verantwortungsbewußte Menschen und wollen nicht, daß bei uns ein gastierendes Kind oder eine gastierende Nonne zu Schaden kommt.

Was ihnen gefährlich werden könnte, steht im Schlafzimmer unter Verschluß. Von ›Josephine Mutzenbacher‹ bis zur ›Philosophie im Boudoir‹, vom ›Dekameron‹ bis zum ›Heptameron‹, von Newton-Fotos bis zu den ›Fetisch-Girls‹ von Kroll, von japanischen Farbholzschnitten bis zu den ›Modi‹ des Giulio Romano.

Irgendwo zwischendrin klemmt ein Heft, auf dem ›Die Linie‹, Nr. 2, März/April 1980 steht. Auf dem Titel ist eine artige junge Dame in rot-weiß-gestreiftem Schlafanzug abgebildet. Die Wunder offenbaren sich erst im Inneren. Dort ist über 23 Seiten eine schöne Frau mit langen dunklen Locken zu sehen, die sich in schwarzweiß fotografierter Unterwäsche aufs Anmutigste räkelt, in den Wind stellt, in die Haare faßt oder in ein Palmblatt über sich greift.

Heute dürfte man das Heft ab drei Jahren freigeben, eigentlich schon ab eins. Aber bei uns und für uns ist das Ganze hochbrisant. Erstens ist die Schönheit die Schwester meines angeheirateten Geliebten, und zweitens stecken hinter den Bildern Geschichten. Und wir kennen die und werden fast rot beim Betrachten der unschuldigen Fotos.

Wenn meine schöne Schwägerin E. von den Aufnahmen berichtet, dann ist das eine Zeitreise pikanter Art.

»Ich war«, sagt sie, »ein gut arbeitendes Wäschemädchen.« Klingt für Uneingeweihte, als hätte sie im Waschsalon an der Mangel gestanden.

Und warum hat sie so gut gearbeitet, zu deutsch: gut Arbeit gehabt?

»Weil mein Gesicht so brav war.« Und ihr Image.

Das war nicht nur E.'s reinem Wesen zuzuschreiben, sondern ihrer Vernunft. Eine Kollegin hatte sich als Playmate ablichten lassen und prompt alle Wäschejobs verloren.

E. hingegen war der blütenreine Traum aller Wäschehersteller.

Keine konnte besser als sie die Erdnuß machen. »Da mußt du eine Hand so, als würdest du eine Erdnuß halten, an die andere legen, denn wenn die Hände runterhängen, schwellen die Adern.« Geschwollene Adern hätten ja höchst obszöne Assoziationen wachkitzeln können.

»Und wenn du sie irgendwo an dich hinlegst, denken sich die Leute was.«

Bei Wäscheaufnahmen aber durfte sich niemand etwas denken, vor allem nicht irgendwelche Zuschauer. Denn die sahen, irgendwo auf Hawaii oder an einem Hotelpool in Nizza, ein spärlich bekleidetes Mädchen und einen Mann, der vor ihr in die Knie ging, durch den Beinausschnitt griff, mit den Fingern nach oben krabbelte, an den Busen grabschte und dann seine Hand mit weiteren kraulenden Bewegungen wieder aus dem Beinausschnitt ins Freie beförderte. Daß er nur die Brüste ins Körbchen rüttelte und das hautfarbene Futter, das für Fotos unbedingt daruntergezogen werden mußte, zurechtzog, hätte ihm keiner geglaubt.

»Deswegen mußten alle unsere Stylisten schwul sein«, sagt meine schöne Schwägerin.

Wer hätte da nicht gern mal seine Heterosexualität verleugnet und einfach selber ein strammes Miederhöschen unter die Jeans gezogen, um verräterische Hinweise zu unterdrücken.

In dieser Zeit der Keuschheit war die Wäschefotografie ein Balanceakt.

»Als mal einer kam, der nicht schwul war, hat ein Mädchen sich verweigert. ›Der faßt mich nicht an‹, hat sie gesagt. Und wir haben sie dann beruhigen wollen. ›Der Heinz, der steht da drüber.‹«

Schon allein, daß da irgend etwas stand, machte das Mädchen nicht williger, sondern völlig verstockt.

Wenn E. heute Wäschefotos sieht, staunt sie, was in nur 18 Jahren passiert ist. »Die knipsen die Mädchen ja mit der Hand im Höschen und mit erigierten Brustwarzen. Das wär' damals ein Skandal gewesen. Wenn's kalt war, wurde bei uns so lang gefönt, bis die Nippel nicht mehr standen.«

Wer sie gern aufgerichtet zeigen wollte, war nichts für den Quelle-Katalog, der mußte zu Beate Uhse wechseln.

So viel Schicklichkeit brauchte natürlich ein angemessenes Ambiente.

Da wurde fotografiert in Brenners Parkhotel in Baden-Baden.

Denn dort gibt es alles, was es zur Unterwäsche braucht. Barocke Kommoden, antike Gemälde, echte Teppiche und Kronleuchter. Besonders geeignet für die

Miederware erschien dem Fotografen der lange Flur mit den vielen Lüstern an der Wand. Aber Flure haben den Nachteil, daß sie begangen werden und schwer ganz abzusperren sind.

Da standen also die Mädchen in weitgehend unbekleidetem Zustand mit einem Lächeln, das mindestens so sauber war wie ihre Dessous.

Und in so viel Reinheit wäre nur eines störend, verstörend und damit zerstörend gewesen: ein heterosexueller Voyeur.

Aber ein älterer Kellner mußte einfach vorbei. Er näherte sich so langsam es ging. Das Problem stand vor ihm. Langbeinig und nahezu nackt.

Doch der Mann im Brenners fand eine Lösung, für die ihm der Hosenbandorden verliehen werden müßte.

»Er ging zwar vorbei«, sagt E. »Aber er hat vorher seine Brille abgenommen.«

Wann sich bei Dessous die Frage der Unterhaltskosten erhebt

»Du bist ein Engel«, sagte er. »Vom Himmel herabgeklettert, um mich zu retten.« Da hätte ich bereits wissen müssen: der Mann ist wirklichkeitsfremd.

Verheirateter Top-Manager, diverse Kinder aus diversen Ehen, Firmen-Flieger und öfters in der Concorde unterwegs als zu Fuß.

Was ich retten sollte, war verhüllt in seidenen Boxer-Shorts.

Nichts steht einem Mann, dessen Bauchumfang mit dem Erfolg gewachsen ist, besser als seidene Boxer-Shorts. Allerdings sollte er sich die nur erlauben, wenn sein Bauch pro Kilo so viel Geld gekostet hat wie Safran.

Frauen, die eine wirklich gute Partie machen wollen, sollten also nur fragen:

»Woraus ist eigentlich Ihre Unterwäsche?« Und erst, wenn es »Silk«, »Soie«, »Seta« oder »Seide« heißt, zum Du übergehen.

Daß Winston Churchill rosafarbene, weite, aber reinseidene Unterhosen trug, ist mehr als ein Gerücht. Allein schon die Tatsache, daß es verbreitet worden ist, was mit Sicherheit nicht auf das Konto von Lady Churchill geht, beweist, daß man den braven Mann, was sein Privatleben betrifft, nicht an seinem schweinchenartigen Aussehen hätte messen sollen. Sondern besser an seinen beachtlichen Zigarren.

Was seidene Dessous bedeuten, weiß leider nur eine Frau, die wie ich an reinseidener Unterwäsche gescheitert ist. Nicht an männlicher, sondern an dem Versuch, selbst welche zu tragen.

Ich war Anfang zwanzig und wünschte mir von meinem Liebsten ein seidenes Hemdchen zum Geburtstag. Einfach deswegen, weil ich mich für Marlene Dietrich begeistert und irgendwo etwas höchst Anzügliches über sie gelesen hatte.

Sie dreht mit Sternberg. Nicht etwa den ›Blauen Engel‹, sondern einen Film, in dem sie weder halb- noch dreiviertelnackt zu sehen ist.

»Ich brauche dringend neue seidene Unterwäsche«, erklärt sie dem Regisseur.

»Bist du wahnsinnig? Die sieht doch keiner«, sagt Sternberg. So ungefähr jedenfalls.

»Aber ich spüre es«, sagt sie. »Und dann bewege ich mich anders.«

Angeblich hat sie die Wäsche gekriegt.

Ich träume also von dem, was sich fließende Seide nennt. In Champagner, am liebsten. Von einem altmodischen Hemdhöschen oder von einem Hemd mit Spaghetträgern. Und dann kommt der Tag. Ich öffne die vielversprechende Schachtel und was sieht mich an?

Gesundheitswäsche. Nein, es war nicht Angora, es war Seide. Aber von einem biederen Schweizer Fabrikanten so ordentlich verstrickt, daß er genausogut Stramin hätte verwenden können.

Aus Enttäuschung ging ich keine 24 Stunden später in einen Wäscheladen und verlangte Seidenes. Einen Slip und ein tiefausgeschnittenes Hemdchen in Perlgrau mit echt seidener Spitze in einem etwas dunkleren Grau trug ich nach Hause und natürlich noch an demselben Abend auf der Haut.

Ich fühlte mich wie Marlene Dietrich, was leider niemandem auffiel. Und mein Liebster meinte nur indigniert angesichts der offenkundig seidenen Neuerwerbung: »Meins hat dir wohl nicht gefallen.«

Am nächsten Morgen sah ich einen häßlichen Fleck mitten auf der Hemdenbrust, der sich unschwer als Abdruck meiner wunderbaren Bodylotion identifizieren ließ. Bei der Wäsche mit bestem Haarshampoo verschwand der Fleck allerdings nicht. Aber die Seide forderte noch mehr Zuwendung. In trockenem Zustand sah sie aus wie Löschpapier. »Das bügelt sich ganz leicht«, hatte die Dame im Wäscheladen bei Erhalt der 380,- DM behauptet, »das fließt nur so.« Ich bügelte ganz leicht mit dem Ergebnis, daß die Seidenwäsche noch immer wie Löschpapier aussah. Nach einer Viertelstunde fing sie an zu schimmern, nicht aber dort, wo zierliche Nähte, Biesen und Fältchen die beiden Stücke zu Kunststücken gestalteten. Nach 45 Minuten erst hatte sie wieder Ähnlichkeit mit dem, was ich eingekauft hatte, abgesehen von dem Schatten auf der Brust.

Es ist wie bei einem Oldtimer: nicht die Anschaffungskosten, die Unterhaltskosten machen diesen Luxus unbezahlbar.

Ich habe beschlossen, seidene Dessous nur noch an hohen Feiertagen zu tragen und werde dieser dramatischen Entscheidung wohl treu bleiben müssen. Es sei denn, ich würde von einem Regisseur entdeckt, der mir nicht nur dieselben Requisiten wie Marlene zugesteht, sondern auch noch eine Bügelhilfe.

Wie man den IQ aus der Unterwäsche berechnet

Wer in Deutschland Fernsehwerbung sieht oder, die verschärfte Ausgabe, Rundfunkwerbung hört, ist sich sicher, daß die Werbeleute bei ihren Adressaten von einem IQ unter Zimmertemperatur ausgehen.

Eine Ausnahme macht da die Wäschewerbung. Sie führt vor, daß von potentiellen Wäschekunden ein hohes Maß an durchdringender Intelligenz erwartet wird.

»Sperrt eure Söhne ein«, forderte da ein TV-Spot, in dem eine vollbusige junge Frau im weißen Spitzenbody den Zuschauern verführerische Blicke schenkt.

Schlichte Menschen gehen davon aus, daß sich die junge Dame an Damen ihres Alters wendet, also an Frauen Mitte zwanzig, denn sonst ist ja nichts verkauft. Doch dann fragt sich, was ihre Warnung an die Alters- und Geschlechtsgenossinnen soll. Anscheinend befürchtet sie, daß deren frühreife Brut – älter als neun können die Söhne nicht sein – sich an ihr vergreift. Also wegschließen. Sonst wird die vollbusige Frau im weißen Spitzenbody noch der Verführung Minderjähriger angeklagt.

Wer davon ausgeht, daß diese Wäschewerbung gar nichts verkaufen will, denkt sich: Ganz klar, die junge vollbusige Frau wendet sich an die reifen Mütter dieser Welt, deren Söhne im passenden Alter wären.

Dann fragt sich natürlich, ob das wirklich Männer

107

sind, die diese Bezeichnung verdienen. Wenn sie als Erwachsene noch bei Mammi wohnen und sich von ihr einsperren lassen.

Man sieht: mit normaler Intellligenz sind diese Denksportaufgaben nicht zu lösen.

Schon vor hundert Jahren waren im Wäschesektor die Ansprüche an die Intelligenz des Kunden enorm hoch.

Da wurde für die Spezial-Marke »Germanenhemd« geworben. Und nun mußte der potentielle Käufer das Tertium comparationis zwischen Germanen und einer Wäsche finden, die sich folgender Tugenden rühmte:

»Geht in der Wäsche nicht ein« und »Bewährt sich im Tragen als unzerreißbar«.

Nur in Heldensagen belesene und zudem ungemein durchdringende Denker erkennen, daß es in beiden Fällen um absolute Widerstandsfähigkeit gegen Wetter, Weiber und ähnliche Unbill geht.

Daß die Germanen nur einen Lendenschurz und mit Sicherheit kein Unterhemd getragen haben, hat gefälligst niemanden zu stören.

Symbolisches Denkvermögen forderte die weltberühmte Kampagne, mit der zwanzig Jahre lang, von 1949 bis 1969 für »maidenform bra« geworben wurde.

Die Frauen träumten darin ständig von dem, was ihre Männer Exhibieren genannt hätten: Mit nichts als ihrem BH am Leib, nein: am Oberkörper (untenrum waren sie sittlich verhüllt), Dinge zu tun, die alles andere als ladylike waren. Da träumte eine Blondine davon, im »maidenform bra« New York rot anzustreichen. Und eine andere bekannte: »I dreamed I took the cue in my maidenform bra.« Zu sehen war auf dem Plakat ein rauch-

umwölkter Billardtisch, eine Dame in besagtem BH und einem grünen Rock, die Billardqueue in der Hand und sie elegant hinterm Rücken durch die Finger der rechten an eine Kugel führend. Ikonographisch halbwegs geschulten Menschen fiel dazu schon etwas ein, wenn eine Dame mit lasziven Lippen den Bällchen den richtigen Anstoß gab. Und offenbar träumten davon die Frauen wirklich; das abgebildete BH-Modell wurde in fünfzehn Jahren fast 90millionenmal verkauft.

Mit solchen hintersinnigen Kampagnen hat man es in Deutschland weniger.

»Männer stehen nicht nur auf Computer«, behauptete die Firma Triumph in ihrer Unterwäschewerbung 1994. Worauf sie noch stehen, hätte ihnen die österreichische Konkurrenz, die Firma Palmers, verraten können. Die hatten schon sechzehn Jahre vorher für Männerunterwäsche geworben mit dem markigen Slogan: »Neu: Für den Autofahrer«.

In den letzten Jahren haben stagnierende Umsätze viele Firmen dazu gebracht, ihren schlummernden Witz zu wecken. »Lad Killer«, schreibt die Firma Jockey über ein Porträt der Männerunterhose, Modell Y. Und erklärt sicherheitshalber diesen Witz, weil die Leute dort wirklichkeitsnah sind und daher den IQ ihrer Kunden nicht überschätzen. »Ohne Y fehlt dir was.« Diese Einsicht bewies Jockey auch in dem zwingenden Slogan: »Unsere Tanga-Slips sind kleiner, als die Polizei erlaubt.«

Kein Wunder, daß ein Neueinsteiger eines kapieren muß: Angesichts solcher Stimmungskanonen muß man neue Geschütze auffahren, um einen Treffer zu landen. Und besser als jeder andere hat das offenbar ein sächsischer Unternehmer umgesetzt. Sein sensationeller Aufstieg im Unterwäschegeschäft begann mit der genialen Wahl seines Firmen-Namens: bruno banani. Nicht nur, daß es nun endlich eine männliche BB gibt, auch das symbolische Denkvermögen der Verbraucher wird bei diesem Namen nicht überfordert. Ausgerechnet in Chemnitz führte bruno banani vor, wie man eine Marktnische ausfüllt. In nur drei Jahren stieg er zum Branchenführer bei den Designer-Labels auf.

Was sicher auch dem volksnahen Witz der Werbung zu verdanken ist.

»Wir verwandeln Ihren Body zum Tatort«, heißt es da oder »Vom Nobody zum Perfect Body«.

Instinktiv erkannte bruno banani, daß Männer sich generell gerne identifizieren mit Gegenständen in Bananenform. Zum Beispiel mit Raketen.

Und diese Erkenntnis wurde mit jenem heiligen Ernst, der der Unterwäsche gebührt, in die Tat umgesetzt.

Im Sommer fand ich im Internet die sensationelle Nachricht: »Designer-Underwear auf dem Weg ins All: bruno banani startet Spacetest auf der MIR«.

Wie konnte die Branche nur derartig lange diese absolute Notwendigkeit übersehen, daß Unterwäsche weltraumtauglich sein muß. Im nachhinein schwindelerregend, diese Unterlassungssünde.

»Die einzigartige Mission«, unterrichtet bruno banani die Menschheit, »beginnt mit dem Start einer bemannten Sojus-Rakete in Baikonur, Kasachstan, die nach einer Flugdauer von rund 48 Stunden die russische Weltraumstation MIR erreichen wird. An Bord der MIR ist ein umfangreiches Testprogramm geplant. Ziel der Mission ist die Auszeichnung der bruno-banani-Kollektion mit dem ›Space-Proof‹-Zertifikat.«

Die Weisheit des Chemnitzer Unternehmens zeigt sich aber wiederum darin, daß sie zwar ins All abheben, dennoch aber auf dem Boden der Tatsachen bleiben und den Sinn der Aktion auch für Menschen ersichtlich machen, deren IQ, wie war das? »Kleiner ist, als die Polizei erlaubt«.

Ach nein, das war Jockey.

»Mit innovativen Materialien und extravagantem Design«, erklärt bruno banani seinen Forschungsdrang und den tiefen Sinn der Space-Modelle, »versprüht diese Kollektion Weltraum-Atmosphäre und das Gefühl von Schwerelosigkeit.«

Ich bin mir nur nicht sicher, ob Männer ausgerechnet in der Unterhose das Gefühl von Schwerelosigkeit haben wollen.

Warum Dessous mehr Aufsehen erregen als Brillanten

Wenn alles so schön wie in einer Seifenoper ist, dann passiert meistens etwas Dramatisches.

Es ist so schön wie in einer Seifenoper.

Die Sonne weiß, wie sie unterzugehen hat (glühend), der Himmel weiß, was er dabei zu tun hat (leuchten), der Jasmin genauso (duftet, betörend), auch der Park (schimmert, geheimnisvoll) und erst recht das Haus, in dem sich eines der besten Restaurants Frankreichs befindet: Es lädt ein.

Ich sitze auf der Terrasse des Boyer in Reims in Erwartung meines Geliebten (damals noch nicht angeheiratet), habe bereits ein Glas Champagner geleert und außerdem Geburtstag. Da schreitet er die weiße Freitreppe herab (anmutig) und balanciert in seinen Händen einen Stapel Päckchen.

Die Blicke sämtlicher Gäste richten sich auf den bisher unbekannten Star der Seifenoper, denn alle haben bereits ein Glas Champagner im Magen, aber eben keinen Geburtstag und außerdem Hunger. Im Boyer wartet man nämlich auf der Terrasse, bis zum Essen gerufen wird.

Der Star im hellen Anzug tritt an meinen Tisch heran, küßt mich, und ich öffne auftragsgemäß die erste Schleife, den ersten Deckel und schlage das Seidenpapier auf. Ein Spitzenbody lächelt mir entgegen.

112

Entzückt halte ich ihn hoch, stoße Laute des Wohlgefallens aus, in die mein Geliebter einstimmt.

Ich öffne die nächste Schleife, die nächste Schachtel und schlage das Seidenpapier zurück. Ein Spitzen-BH nebst passendem Tanga lächelt mir entgegen. Diesmal übernimmt mein Mann die Demonstration, hält die Teilchen ins Abendlicht und dann stoßen wir wieder beide Laute des Wohlgefallens aus.

Dasselbe wiederholt sich bei einem sehr gewagten Badeanzug sowie einem Mieder mit Strapsen dran.

Die Seifenoper klappt perfekt. Gerade ist das letzte Dessous besichtigt und gewürdigt, da tönt das Signal zum Essenfassen.

Und nun passiert es. Wir erheben uns (hier steht man nicht einfach auf) und spüren es von allen Seiten. Etwas, was so gar nicht in diese Seifenoper paßt.

Blicke. Forschende, staunende, neugierige, irritierte und amüsierte Blicke treffen uns. So, als stünden wir splitternackt inmitten einer Gesellschaft aus Männern im Stresemann und Frauen in Abendroben, wie man sie zur Queen anzieht.

Mein Rock kommt mir auf einmal viel zu kurz vor und der Anzug meines Geliebten zu hell. Und warum mußte er diese Krawatte umbinden?

Auf den Päckchenstapel ist offenbar ein Scheinwerfer gerichtet, und die schwarzen Träger und Strumpfbänder züngeln geradezu unverschämt aus den Schachteln.

Mir ist schwindlig von der Aufmerksamkeit, die uns zwar nicht zum Tisch trägt, aber doch spült. Alles Getuschel und Geraune im Raum scheint sich auf uns zu beziehen. Und die Mutmaßungen über unsere abenteuerliche Existenz das zentrale Gesprächsthema zu sein.

Dann aber tritt Madame Boyer an den Tisch. Ihr Kostüm ist ungeheuer grün, ihr Rock ist sehr kurz und ihr Haar sehr blond. Ihr Lächeln vor allem ist so herzenswarm, daß wir die Blicke allmählich nicht mehr spüren. Man gewöhnt sich irgendwie an Voyeure. Und als Madame Boyer dann angesichts des Päckchenstapels am Tischrand fragt, ob ich denn Geburtstag hätte und sie uns vielleicht ein Glas Champagner spendieren dürfe, finde ich meinen Rock auch nicht mehr zu kurz und den Anzug meines Geliebten dezent. Weil Madame Boyer dann auch noch sehen will, was ich geschenkt bekommen habe, kaufen wir am nächsten Morgen außer Champagner und hausgemachten Delikatessen noch einen Schlüpfer im Haus Boyer. Es ist silbern, durchbrochen und kostet 300 Francs. Unsere Wasserflasche trägt ihn noch immer, diesen feinen hotelsilbernen Schlüpfer, der das ordinär bunte Etikett verbirgt. Man sieht jeden Fingerabdruck, und er muß oft poliert werden. Manchmal fragt daher ein Gast: »Ist das denn praktisch?« Das ist dann jemand, der auch von Dessous nichts versteht.

Was an der Unterwäsche
schmutzig sein sollte

»Guter Sex muß schmutzig sein«, hat Woody Allen gesagt. Und lange bevor dieser Aphorismus bekannt wurde, setzten ihn Männer wie Frauen emsig in die Tat um. Indem sie einfach den Wäschewechsel seltener werden ließen.

In den 50ern wuchs die Firma Schiesser zu einer wirklichen Volksbildungsanstalt, indem sie in Anzeigen mahnte »2 x mindestens«.

Und im Kleingedruckten darunter ging es natürlich nicht um die Frequenz des wöchentlichen Sexualverkehrs, sondern um den wöchentlichen Wäschewechsel.

Anscheinend fruchteten diese lobenswerten Bemühungen wenig. Denn 1970 wurde die Wäscheindustrie zu drastischen Maßnahmen gezwungen.

In einem neuen Anzeigenmotiv waren brave Hausfrauen mit Dauerwelle und artigem Mantel zu sehen, im Vordergrund eine mit Schweinsmaske. Und im Kommentar war zu lesen: »In einem Jahr gibt die Frau nur durchschnittlich DM 13,74 für ihre Unterwäsche aus. Denn Unterwäsche ist für sie kein Thema. Das wollen diese führenden Hersteller mit einer neuen Unterwäsche ändern.«

Wie, wurde leider nicht verraten. Jedenfalls setzte sich kurz darauf bei der Männerunterwäsche ein neuer Farbton durch: Braun. Und heute, fast dreißig Jahre

später, rühmt bruno banani seine Farbwahl: »Die Farben von ›Your Wonderwear‹ sind genauso sanft wie die Unterwäsche selbst: Jasmin, Braun und Schwarz.«

Speziell die Deutschen scheinen mit geradezu zärtlicher Anhänglichkeit der Farbe Braun die Treue zu halten. Und wenn schon die Leute mit braunen Flecken auf der weißen Weste vom Aussterben bedroht sind, muß wenigstens die Unterhose noch braun bleiben dürfen.

Denn die Unterwäsche ist für viele Leute hierzulande das letzte Refugium, wo's nicht so sauber zugehen muß.

Wir haben die Pflanzenwelt von Unkraut, die Tierwelt von Schädlingen, die Umwelt von Bakterien gereinigt. Unsere Einbauküchen sind so porentief rein wie unsere Badezimmer. Gegen jede Art von Gerüchen haben wir eine Waffe entwickelt. Es gibt Raumsprays und Atemsprays, Fußsprays und Intimsprays.

In Deutschland ist jede Hausfrau stolz, wenn jemand über ihr Klo oder Badezimmer sagt: »Da kannst du vom Fußboden essen.«

Ich habe noch nie das Bedürfnis verspürt, vom Fußboden zu essen.

Aber das hier ist eben ein wirklich sauberes Volk. Bewundernswert gründlich.

Herbizide, Insektizide, Fungizide: auch im Privathaushalt ist hier jeder gerüstet.

Nur verständlich also, daß solche blitzsauberen Menschen irgendwo noch eine Schmuddelecke brauchen. Und die finden sie eben in der Unterwäsche.

Meine Freundin M., die mit mir eine Zeit lang, eine sehr schöne Zeit lang, die Wohnung teilte, war in vieler Hinsicht scharf. Was den Verstand und den Witz und

116

was sie als Frau insgesamt anging. Leider hatte sie keinen sehr scharfen Blick für Männer. Weil ich nicht nur über einen Liebhaber verfügte, der drei Straßen weiter drei Zimmer mehr hatte, sondern auch über das größere Bett, überließ ich ihr dieses in den Nächten, in denen ich aushäusig war. Also meistens.

Zweimal hat mir das ein Schockerlebnis beschert.

Einmal komme ich morgens gegen zehn nach Hause, um vergessene Unterlagen fürs Seminar zu holen. Im Bad plätschert es, also gehe ich in mein Zimmer. In meiner himmelblauen Bettwäsche liegt der Tod. Ein kahler Schädel, weiß, ein eingefallenes Gesicht, weiß, ein bis zum Bachnabel bloßliegender Körper, weiß.

Aber kaum entgleitet mir ein Schreckenslaut, öffnet er ein paar sehr nette Augen, zerrt die Decke zum Kinn und sagt: »Entschuldigung.«

Zu diesem Mann riet ich M. durchaus.

Aber sie konnte sich wohl nicht entscheiden.

Einige Wochen, vielleicht auch Monate später kam ich wieder um zehn Uhr überraschend nach Hause. Im Bad plätschert es, also gehe ich zu meinem Zimmer und klopfe. Niemand rührt sich. Vorsichtig öffne ich und mir steigt ein Geruch in die Nase, bei dem es einem auf leeren Magen schlecht wird. Und was sehe ich vor meinem Bett liegen? Ein paar Socken mit Löchern und eine unsägliche Unterhose in Khaki. Besser gesagt, die Rudimente einer Unterhose.

Ich habe M. vor diesem Mann gewarnt.

»Ach weißt du«, hat sie gesagt, »das ist eben ein Intellektueller und außerdem Kommunist.«

So gesehen ist es beruhigend, daß sie bald darauf das

politische Ufer gewechselt hat, in ihrem Heimatland zu den bekennenden Konservativen gehört und auch einen solchen geehelicht hat.

Obwohl ich über deren Unterwäsche offen gestanden nichts weiß.

Wahrscheinlich tragen sie Eingriff rechts.

Reinlichkeit in Sachen Unterwäsche kann allerdings auch auf reinliche Menschen eine Wirkung haben, die sichtbar deprimierend ist. Mein Liebhaber A., zum Beispiel, erklärte mir gleich zu Beginn unseres Verhältnisses, wenn es etwas gebe, was ihn enterotisiere, dann seien das eingeweichte Dessous im Waschbecken.

Warum, wollte ich wissen. Ob ihn das an eine Wasserleiche erinnere?

»Nein, aber das hat etwas ganz schrecklich Trostloses«, hat er gesagt. Und mir dann das Lied von Qualtinger vorgespielt, in dem er das Szenario der perfekten Wiener Trostlosigkeit malt. Und da geht es um »ein Packerl Dreier im Pissoir« und »die Lavour von einer Hur'‹«. Bei den »Dreiern« handelt es sich um die billigsten Zigaretten Österreichs, die, aufgeweicht in einem Pissoirbecken, auch bei abgebrühten Leuten Ekelgefühle wachrufen. Was die Lavour, also das Waschbecken einer Hure angeht, haben Herr Qualtinger und wohl auch mein Liebhaber A. einen Erfahrungsvorsprung. Aber offenbar ist es nichts Erfreuliches.

Sicher werden viele Leute nun fragen, was bitte Dessous im Waschbecken mit der Waschgelegenheit einer Prositituierten und irgendwelchen Billig-Zigaretten zu tun haben. Um das zu verstehen, braucht es das, was Goleman »emotionale Intelligenz« nennt. Ich jedenfalls habe meinem Liebhaber A. von da an niemals den Anblick eingeweichter Unterwäsche zugemutet.

Er selber hatte eine Angewohnheit, die andere Frauen ihm wahrscheinlich ausgetrieben hätten, die ich aber mit einem fassungslosen Staunen tolerierte.

Er besaß ein Unterhemd, ein einziges wohlgemerkt, das er nur in sehr kalten Wintern herauszog. Es war, wie er mir vorschwärmte, aus einer unvergleichlich feinen Wolle gewirkt, nicht Kaschmir, aber so etwas Ähnliches. Wie viele hundert Jahre es alt war, weiß ich nicht. Es war nur noch ein Fragment. Träger und Ränder waren halbwegs intakt, zwischendrin aber bestand es aus Fetzen.

Niemals hätte er dieses kostbare Teil der Waschmaschine anvertraut. Liebevoll wusch er es von Hand und hängte es mit einer Sorgfalt auf, die er seinen besten Pullovern nicht zukommen ließ. Ob es ein Vorausplagiat des Grunge-Stils in den 90ern war, ob es sich um eine gefühlsbelastete und erinnerungsträchtige Reliquie handelte oder wirklich um den Tick eines Kulturhistorikers, habe ich niemals klären können.

Geblieben ist mir nur das Wissen: ein sauberer Fetzen kann Charisma besitzen, ein neuer Slip, der eine Arbeitswoche hinter sich hat, besitzt es leider nicht.

Weil Sex aber schmutzig sein muß und damit auch das Dessous, das erotische zumindest, etwas Schmutziges haben sollte, empfiehlt sich die Anschaffung einer umfangreichen Fotobibliothek. Denn da werden Seite für Seite Assoziationen wachgekitzelt, die alles andere als rein sind.

Es gibt kein einziges Stückchen Dessous, das nicht

irgendwann irgendwen zu einer sexuellen Phantasie beflügelt hätte, die frei ist von mentalem Sagrotan.

Es gibt Mieder- und Strumpffetischisten, es gibt Fotografen, die bei Netzstrumpfhosen losgehen und solche, die auf löchrige Nylons reagieren.

Es gibt Fotografinnen, denen zu enge BHs, die den Busen zusammenquetschen, künstlerische Höhepunkte bescheren und solche, die es lieber auf die Spitze treiben, eine erstklassige natürlich.

Aber das geistige Schmuddeln kostet eben Zeit und Aufwand.

Das andere kommt von alleine.

Wer zum hoffentlich nicht desinfizierten Sex und zum erotischen Schmuddeln immer mit sauberer Unterwäsche antreten will, gerät allerdings leicht in Verruf.

In meinem Schreibtisch im Verlag war die unterste Schublade rechts reserviert für frische Strümpfe und frische Unterwäsche. Allein das Wissen, daß sie dort warteten, gab mir ein gutes Gefühl.

Zumal ich zu diesem Zeitpunkt aus der Tüte lebte, einer möglichst geschmackvollen Plastiktüte. Mein damals noch nicht angeheirateter Geliebter wohnte nämlich in Alt-Schwabing und ich in Haidhausen. Diese beiden Münchner Bezirke verbindet bis heute eine tiefe Gemeinsamkeit: sie haben Charme, viele Lokale, einen einschlägigen Ruf mit der Vorsilbe Szene und daher keine Parkplätze.

Also holte, um ein zu entsorgendes Fahrzeug einzusparen, mein noch nicht angeheirateter Geliebter mich abends ab.

Es hat etwas Schäbiges, sich im Klo umzuziehen.

120

Aber wenn ich dort meine schönen frischen Dessous aus der Schreibtischschublade unten rechts überzog, kam ich trotzdem zuverlässig in Stimmung.

Ein Mitarbeiter hatte allerdings herausgefunden, womit er mich ärgern konnte. Herr X. (der Buchstabe wurde zu seinem Schutz gefälscht) gab seine Texte immer erst so spät ab, daß ich nachsitzen mußte, um mich ausgerechnet damit zu beschäftigen.

Das war seine Form der Rache dafür, daß ich ihm vorgesetzt war, obwohl er sich geistig vorgesetzt fühlte.

Eines Abends, als ich mich schon von Herrn X. und seinen Texten befreit wähnte, und die Schublade unten rechts geöffnet hatte, brach er ein, knallte mir ein Manuskript auf den Schreibtisch, ließ die übliche Fahne darüber flattern und sah in meinen Wäschevorrat.

Weil er Kontakte zum Verlagshaus nebenan pflegte, wo ich früher gearbeitet hatte, fand er auch dankbare Abnehmer für sein Sonderangebot mit der brandheißen Nachricht, ich verwandle anscheinend abends meine Büroräume in ein Privatbordell.

Rein ökonomisch ein durchaus einleuchtender Gedanke. Praktisch allerdings untauglich, weil die Anmut dieser Räumlichkeiten den potentesten Mann entkräftet hätte.

Immerhin hat mir die Aktion von Herrn X. klargemacht, daß die angeblich so harmlose, allerorts gepriesene Frische von Seifen, Salaten und Duschgels durchaus schmutzige Phantasien freisetzen kann. Und zwar von der Sorte, die der Sex nicht braucht.

Aber in Sachen Sauberkeit hält man sich am besten an das Prinzip von Otto.

Der hat einmal einen Spot gedreht, in dem er als Hausfrau in Kittelschürze die Einbauküche wienert. Nach absolut gnadenloser Desinfektion legt er aufatmend Sprays, Schrubber und Schwämme zu Seite. Da ertönt aus dem Off eine mahnende Stimme.

»Die Küche ist noch nicht wirklich sauber.«

Otto wienert weiter.

Wieder mahnt ihn die Stimme dröhnend: »Die Küche ist nicht wirklich sauber.«

Nach dem dritten Anlauf verläßt Otto resignierend die Küche und schaut von außen durchs geschlossene Fenster rein.

»Jetzt«, lobt die Stimme des Gewissens, »ist die Küche wirklich sauber.«

Leider wurde Herrn X. erst gekündigt, nachdem ich dieses Anwesen freiwillig geräumt hatte. Um in meinem eigenen Büro jederzeit dem Bedürfnis nach neuen Dessous nachgeben zu dürfen.

Mein eigenes Büro wird übrigens zeitweise als Privatbordell genutzt.

Und mein einziger, dafür angeheirateter Kunde findet das in Ordnung.

Wen ich zum Schutzpatron der Dessous ernenne

Niemand hat mehr hingeschaut. Niemand hätte genau sagen können, wie groß und breit sie ist, wie sie gebaut ist, ob sie heruntergekommen wirkt oder nicht. Sie stand nackt herum mitten in Paris und keiner hatte Lust, sich mit ihr zu befassen.

Da kam dieser kleine bulgarische Amerikaner mit den traurigen dunklen Augen und nahm sich ihrer an. Er entwarf für sie, nur für sie, etwas, um ihre Blöße zu bedecken und zwar sehr raffiniert zu bedecken. In einer Großaktion zog er ihr das über. Und auf einmal spürten die Pariser prickelnde Neugier auf sie. Es wurden Mutmaßungen angestellt, ob dieser delikat eingeschnürte Körper eine Schönheit sei oder nicht. Und mit wachsender Begehrlichkeit gibberte ganz Paris dem Augenblick entgegen, wo der amerikanische Liebhaber die Französin wieder enthüllen würde.

Christo hat mit der Verhüllung einer Brücke wie dem Pont Neuf und mit vielen anderen Verhüllungen bis hin zum Reichstag bewiesen, daß erst das, was verborgen wird, einen Reiz für uns bekommt. Denn das Ausziehen ist ein Akt, der in jedem Menschen Entdeckerfreude wachruft. Und Christo führt es immer wieder vor, wie die Psychologie des Einkleidens und Auskleidens funktioniert, wie das Anziehen und Ausziehen, das Verbergen und Entbergen unsere Sinne schärft. Er also sollte der

Schutzpatron der Dessous werden. Denn er bewahrt uns vor der nackten Langeweile.

FKK-Strände zeigen, wie fad das Splitternackte ist. Und auch Hitler wußte, daß nichts weniger die sexuellen Gelüste wachkitzelt als ein wohlgenährter Körper, wo jedes Detail sich den Blicken ungeniert darbietet. So wie der zu Recht Schamhaar-Ziegler genannte Lieblingsmaler des Führers die Frauen mit dem gebärfreudigen Becken vorführte. Die sahen nie nach Versuchung aus, nur nach Mutterkreuz. Vor allem, weil sie zu dem nackten Körper onduliertes Haar trugen und jenen Blick voller Gefolgschaftstreue, der noch im ärgsten sexuellen Notstand jeden Mann zur Entsagung treibt.

Geheimnisse werden bekanntlich enthüllt. Also muß alles, was geheimnisvoll sein will, erst mal verhüllt werden. Es muß sich dem Zugriff verwehren, um die Lust aufs Erobern wachzurufen.

Was und wieviel verhüllt wird, ist dabei gar nicht so wichtig.

Otto Dix hat eine ziemlich abgebrühte Großstadtnymphe porträtiert, im Kindergesicht diese brisante Mischung aus Unschuld und Wissen.

An dem mageren Körperchen trägt sie nichts, dafür an den Händen und Unterarmen lange schwarze Handschuhe.

Auch die sind in diesem Fall Unterwäsche. Und Unterwäsche signalisiert einen letzten Widerstand, sei er nun vorgetäuscht oder echt.

Im paradiesischen Zustand sind Menschen nackt und unschuldig.

Unterwäsche erst signalisiert das Bewußtsein von Schuld, vom Sündigen, von Moral und deren köstlichem Gegenteil.

Daß Ausziehen ein erregender, erotischer Akt ist und das Halbausgezogene besonders verfänglich, wissen auch die Männer, die täglich von Berufs wegen zig Frauen zum Ablegen intimer Kleidungsstücke auffordern. Nicht die Aktfotografen, sondern die Gynäkologen.

»Um erst gar keine Atmosphäre entstehen zu lassen, die auch nur im entferntesten an Striptease erinnern könnte, ist zumindest in Amerika der Gynäkologe meist abwesend, wenn die Patientin sich entkleidet«, schreibt der Kulturhistoriker Peter Duerr. »Da die Unterwäsche sehr stark mit Intimität und Sexualität assoziiert wird, lassen die Patientinnen auch nur ganz selten ihren Schlüpfer herumliegen. Da es in Deutschland anscheinend für viele zu intim wäre, wenn die Frauen das Untersuchungszimmer im Slip mit BH beträten, bestehen sie darauf, daß die Patientin sich völlig auszieht, obwohl es für die meisten Frauen weniger peinlich wäre, zumindest einen Rest Kleidung anbehalten zu können.«

Bei allem Respekt vor Peter Duerrs Recherche: Hier hat sie versagt. Bei keinem einzigen Gynäkologen mußte ich mich jemals splitternackt ausziehen. Und ich kenne auch keine Frau, die das jemals gemußt hätte. Aber es ist ja verständlich, daß er keine Lust hatte, sich eine Perücke aufzustülpen, ein Röckchen anzuziehen und in Nylons und High Heels zu einem Frauenarzt zu stöckeln, nur damit er auch in diesem Punkt hieb- und stichfest ist.

Trotzdem hat Herr Duerr nicht ganz unrecht, wenn er das Tragen von Dessous als etwas gefährlich empfindet, gerade in einer gynäkologischen Praxis.

Meine Freundin M. hatte mir die Frauenärztin empfohlen. Ich war 22, saß ihr am Schreibtisch gegenüber und fühlte mich unwohl. Mit einer Stimme, die jeden Kasernenhof erfüllt hätte, fragte sie mich aus. Anamnese konnte man das nicht mehr nennen.

»Nehmen Sie die Pille?« fragt sie schließlich.

»Ja.«

»Wie lange?«

»Seit fünf Jahren.«

»Na sauber«, sagt sie.

Während der Untersuchung, die ähnlich feinfühlig ist, bellt sie: »Tragen Sie immer Strapse?«

»Manchmal«, sage ich.

»Flittchen«, sagt sie.

Da zog ich mich wieder an und ging zur Tür.

Ruft sie mir hinterher: »Wo haben Sie die Stiefel her?«

Auch Stiefel können zu Dessous werden, wenn man weitgehend nackt auf einem Stuhl die Beine spreizt.

Wenn Unterwäsche-Fabrikanten sich aufraffen würden, Arthur Schnitzler zu lesen, stießen sie noch auf eine weitere Lücke im Dessous-Geschäft.

In einer meiner liebsten Erzählungen, der ›Traumnovelle‹, erzählt er von einer Nacht im Leben von Fridolin, einem artigen Arzt, verheiratet, ein Kind. In dieser Nacht jedoch verirrt er sich immer weiter hinein in eine rätselhafte Welt. Da trifft er zuerst einen Jugendfreund, der zum Barpianisten verkommen ist, und überredet den, ihn zu seinem geheimnisumwitterten nächtlichen Engagement mitzunehmen. Der Pianist tritt nämlich bereits zum dritten Mal in einem ominösen privaten Zirkel auf, wo er mit verbundenen Augen spielen muß, ohne zu wissen, wo er sich befindet. Unter der Binde durch sieht der Pianist aber in einem Spiegel, was hinter seinem Rücken geschieht.

Und der Bericht davon erregt den artigen Arzt aufs äußerste.

Er erhält durch die Hilfe des Pianisten Zugang. Zuerst sieht er Nonnen und Mönche, hört Orgelklang und eine Sängerin. Plötzlich bricht das Orgelspiel ab, jäh beendet die Frauenstimme ihren Gesang und scharfe Klavierakkorde ertönen. Türen rechts und links öffnen sich, der Arzt steht im Halbdunkel.

»…der gegenüberliegende Raum aber strahlte in blendender Helle, und Frauen standen unbeweglich da, alle mit dunklen Schleiern um Haupt, Stirn und Nacken, schwarze Spitzenlarven über dem Antlitz, aber sonst völlig nackt. Fridolins Augen irrten durstig von üppigen zu schlanken, von zarten zu prangend erblühten Gestalten; – und daß jede dieser Unverhüllten doch ein Geheimnis blieb und aus den schwarzen Masken als unlöslichste Rätsel große Augen zu ihm herüberstrahlten, das wandelte ihm die unsäglichste Lust des Schauens in eine fast unerträgliche Qual des Verlangens.«

Auch Masken können Dessous sein und deren Funktion übernehmen, ein Geheimnis zu wahren, das zu Enthüllung reizt.

Freilich haben dafür nicht alle Menschen einen Sinn.

Meine wunderbare Mutter zum Beispiel liest bei einem Kriminalroman, wenn sie schon mal einen in die Hände nimmt, zuerst den Schluß.

Wenn mir ein Mann verriete, daß er es genauso hält, wüßte ich sofort, daß er von Dessous nichts versteht. Jeder Krimi-Liebhaber genießt es, daß ihm die Hintergründe erst langsam enthüllt werden und des Rätsels Lösung erst ganz am Ende.

Natürlich kennt mein angeheirateter Geliebter meinen Körper längst auswendig.

Aber mit den richtigen Dessous wird er eben doch immer wieder so spannend, daß er zu lesen anfängt.